Making learning easy with
NIHONGO GAKUSHŪ
basic grammar

by
**Riya Shukla
Rupali Tiwari**

BLUEROSE PUBLISHERS
India | U.K.

Copyright ©Rupali Tiwari, Riya Shukla 2023

All rights reserved by author. No part of this publication may be reproduced, stored in a retrieval system or transmitted in any form or by any means, electronic, mechanical, photocopying, recording or otherwise, without the prior permission of the author. Although every precaution has been taken to verify the accuracy of the information contained herein, the publisher assume no responsibility for any errors or omissions. No liability is assumed for damages that may result from the use of information contained within.

BlueRose Publishers takes no responsibility for any damages, losses, or liabilities that may arise from the use or misuse of the information, products, or services provided in this publication.

For permissions requests or inquiries regarding this publication,
please contact:

BLUEROSE PUBLISHERS
www.BlueRoseONE.com
info@bluerosepublishers.com
+91 8882 898 898
+4407342408967

ISBN: 978-93-93385-72-7

Printed in INDIA

First Edition: June 2023

Acknowledgment

We would like to thank our friend Prachi Mishra for being there since starting and helping us throughout with planning strategy and jotting down everything on paper and coming up with all the crazy ideas.

The journey would have been incomplete without the guidance and teaching of Manisha Sensei.

We also wish to thank our parents for understanding and supporting us throughout our writing journey and to all readers for giving so much love.

Lastly, we also thank Google for providing us with a great deal of information free of charge and for allowing us to explore and do all the research required.

About the book

The book Nihongo gakushū has been prepared by keeping the JLPT format in mind. It contains the syllabus of the JLPT N5 level. The book is divided into 2 parts - basic grammar and basic kanjis.

In Nihongo gakushū - basic grammar, there are twenty-five chapters. Starting twenty chapters have a similar format covering :
1. Tango (vocabulary)
2. Naiyō (content)
3. Bunkei (sentence pattern)
4. Bunpō (grammar)
5. Reibun (example sentence)
6. Renshū (practice)
7. Dokkai (Reading comprehension)
8. Yobun (extra)

The next five chapters have diverse formats as the content of each chapter is different, such as a practice set for dokkai (reading comprehension), a list of verbs, a set of phrases, a list of katakana, and vocabulary with 'u' sound silent, and five sets of grammar mock test respectively.

Nihongo gakushū - basic kanji covers basic kanjis for the N5 level with each kanji having its onyomi (Chinese reading of the kanji), kunyomi (Japanese reading of the kanji), and kanji meaning.

Index

Basic
Script - ひらがな (Hiragana)
Script - カタカナ (Katakana)
すうじ (Number system)
きほんーてきなにほんご (Basic Japanese)
しょうかい (Introduction)

Chapters	Topic
1	ないよう： • Particles - は, の • Demonstrative pronouns - これ/それ/あれ; この/その/あの よぶん： • Numbers
2	ないよう： • Demonstrative pronouns - ここ/そこ/あそこ; こちら/そちら/あちら • Particle - も • にん (counter for people) よぶん： • いろ (Colors) • Counters - Floors, People
3	ないよう： • Particles - から, まで, に よぶん： • から vs に • Meaning of a verb • ね and か • Counters - Minutes, Hours

4	ないよう：
	- います and あります
	よぶん：
	- が Particle
	- Counter - Days of the month
5	ないよう：
	- Particles - へ, を, と
	よぶん：
	- Subject omission from a sentence
	- ませんか/ ません/ よ/ ましよう
6	ないよう：
	- Particles - で, に
	よぶん：
	- なん and なに
7	ないよう：
	- Tense form - ます、ました、ません、ませんでした
	- まだ (negative sentence)
	- もう
	よぶん：
	- あまり and ぜんぜん
	- なにも/ だれも/ どこも
	- Tense formation
8	ないよう：
	- Particle - が
	- Conjunction - が
	- い - adjective and な - adjective
	- そして
9	ないよう：
	- WH questions

10	ないよう： • Use of あります and ぐらい よぶん： • About plural form in Japanese • Vocabulary related to house （へやのことば）
11	ないよう： • たい form and ほしい です • より • ながら
12	ないよう： • All the forms of な- adjective and い- adjective • くて ＆ で よぶん： • な- adjective and い- adjective formation
13	ないよう： • Prepositions • より ＆ ほうが • や • に きます/に いきます/に かえります よぶん： • Use of お in polite form • Vocabulary relater to clothing （ふくのことば）
14	ないよう： • て form and its uses

15	ないよう：
	 • ない form and its uses：
	   • なければ ならない/ なくては いけない/ ないと いけません
	   • なくても いいです/ ないで ください

16	ないよう： • じしょう form • Sentences with まえに、ことです、ことができます よぶん： • Formation of じしょう form
17	ないよう： • た form • Use of り • ことが あります • Use of なります • ことに なります よぶん： • Formation of た form

18	ないよう： • とおもいます • といいます • ごろ • ぐらい • Use of ちょうど よぶん： • Counter - long object • Important words • Important terms
19	ないよう： • あげます • くれます • もらいます • でしょう よぶん： • Vocabulary related to family
20	ないよう： • とき • と よぶん： • Vocabulary
21	Reading comprehension
22	Verb list
23	Phrases
24	List of katakana and words with う sound silent
25	Exam
	Answer key

ひらがな

a	i	u	e	o	kya	kyu	kyo
あ	い	う	え	お	きゃ	きゅ	きょ
ka	ki	ku	ke	ko	sha	shu	sho
か	き	く	け	こ	しゃ	しゅ	しょ
sa	shi	su	se	so	cha	chu	cho
さ	し	す	せ	そ	ちゃ	ちゅ	ちょ
ta	chi	tsu	te	to	nya	nyu	nyo
た	ち	つ	て	と	にゃ	にゅ	にょ
na	ni	nu	ne	no	hya	hyu	hyo
な	に	ぬ	ね	の	ひゃ	ひゅ	ひょ
ha	hi	fu	he	ho	mya	myu	myo
は	ひ	ふ	へ	ほ	みゃ	みゅ	みょ
ma	mi	mu	me	mo	rya	ryu	ryo
ま	み	む	め	も	りゃ	りゅ	りょ
ya		yu		yo	gya	gyu	gyo
や		ゆ		よ	ぎゃ	ぎゅ	ぎょ
ra	ri	ru	re		jya	jyu	jyo
ら	り	る	れ	ろ	じゃ	じゅ	じょ
wa		wo		n	bya	byu	byo
わ		を		ん	びゃ	びゅ	びょ
					pya	pyu	pyo
					ぴゃ	ぴゅ	ぴょ

ga	gi	gu	ge	go
が	ぎ	ぐ	げ	ご

za	ji	zu	ze	zo
ざ	じ	ず	ぜ	ぞ

da	ji	du	de	do
だ	ぢ	づ	で	ど

ba	bi	bu	be	bo
ば	び	ぶ	べ	ぼ

pa	pi	pu	pe	po
ぱ	ぴ	ぷ	ぺ	ぽ

カタカナ

ア	イ	ウ	エ	オ	キャ	キュ	キョ
カ	キ	ク	ケ	コ	シャ	シュ	ショ
サ	シ	ス	セ	ソ	チャ	チュ	チョ
タ	チ	ツ	テ	ト	ニャ	ニュ	ニョ
ナ	ニ	ヌ	ネ	ノ	ヒャ	ヒュ	ヒョ
ハ	ヒ	フ	ヘ	ホ	ミャ	ミュ	ミョ
マ	ミ	ム	メ	モ	リャ	リュ	リョ
ヤ		ユ		ヨ	ギャ	ギュ	ギョ
ラ	リ	ル	レ	ロ	ジャ	ジュ	ジョ
ワ		ヲ		ン	ビャ	ビュ	ビョ
					ピャ	ピュ	ピョ

ガ	ギ	グ	ゲ	ゴ
ザ	ジ	ズ	ゼ	ゾ
ダ	ヂ	ヅ	デ	ド
バ	ビ	ブ	ベ	ボ
パ	ピ	プ	ペ	ポ

すうじ

English	Numbers	Hiragana	Kanji
Zero	0	れい	0
One	1	いち	一
Two	2	に	二
Three	3	さん	三
Four	4	よん、し	四
Five	5	ご	五
Six	6	ろく	六
Seven	7	なな、しち	七
Eight	8	はち	八
Nine	9	きゅう、く	九
Ten	10	じゅう	十
Hundred	100	ひゃく	百
Thousand	1,000	いっせん	一千
Ten Thousand	10,000	いちまん	一万
Hundred Thousand	1,00,000	じゅうまん	十万
One Million	10,00,000	ひゃくまん	百万
One Hundred Million	10,00,00,000	いちおく	一億
One Billion	1,00,00,00,000	じゅうおく	十億
One Trillion	10,00,00,00,00,000	いっちょう	一兆

注意
^{ちゅうい}

Japanese language uses 3 scripts:

- <u>かんじ</u>：First writing system borrowed from China at a time when Japan had its own spoken language but no writing prototype to match with it. It's a picture based language, each character representing its own meaning. Now, most kanjis can be read in 2 ways: the Chinese way - onyomi, and the Japanese way - kunyomi.

- <u>ひらがな</u>：Native to Japan, based on sounds rather than word-picture used to represent Japanese words in day to day writing.

- <u>カタカナ</u>：Native to Japan, based on sounds rather than word-picture used to represent foreign words from any language in day to day writing.

Japan has no official language. Probably the reason for this can be the population of Japan which mostly comprises Japanese people and Japanese is the only language spoken in the country (foreign languages are spoken but Japanese is the de facto official language).

きほん-てきなにほんご (Basic Japanese)

基本
きほん

Japan: Nippon/Nihon　にっぽん/にほん (日本)

Yes: Hai　はい

No: Iie/Ie　いいえ

I: Watashi　わたし

You: Anata　あなた

He: Kare　かれ

She: Kanojo　かのじょ

They: Kare-ra/ Kanojo-ra　かれら/かのじょら

Yes, I have: Arima-su　あります

No, I have not: Arima-sen　ありません

Excuse me: Sumimasen　すみません

あいさつ (Greetings)

Good morning　Ohayou gozai-masu　おはようございます

Good afternoon　kon-nichi-wa　こんにちわ

Good evening　Kon-ban-wa　こんばんは

Good night　Oyasumi-nasai　おやすみなさい

Thank you	Arigatou Gozai-masu	ありがとうございます
You are welcome	Dou-itashimashi-te	どういたしまして
I am sorry	Gomen-nasai	ごめんなさい

カジュアルな　あいせつ (Casual Greetings)

Morning: Ohayou - おはよう
Hi: Yaa! - やあ
Hi, Hello: Doumo - どうも
What's up?: Genki - げんき
Bye: Baibai - バイバイ
See you: Mata-ne - またね

<ruby>紹介<rt>しょうかい</rt></ruby>

はじめまして みなさん！

わたしは インドじん の マリア です。
わたしは ２２さい です。
ムンアイ だいがくで エンジニア の べんきょう を します。
へやで かぞく は ４にん です。
わたしは にほんごが すき です。

よろしくおねがいします。

Introduction
Hello everyone!

I am Maria from India.
I am 22 years old.
I am studying in Mumbai University.
There are 4 family members in my house.
I like Japanese.

Nice to meet you.

<ruby>問題<rt>もんだい</rt></ruby>1：くうらんをうめる (Fill in the Blank):

はじめまして＿＿＿＿＿＿！

1. わたしは＿＿＿＿＿＿の＿＿＿＿＿＿です。
2. わたしは＿＿＿＿＿＿です。
3. ＿＿＿＿＿＿で＿＿＿＿＿＿の＿＿＿＿＿＿をします。
4. へやで＿＿＿＿＿＿は＿＿＿＿です。
5. わたしは＿＿＿＿＿＿が＿＿＿＿＿＿です。

よろしくおねがいします。

<ruby>問題<rt>もんだい</rt></ruby>2：じぶんの しょうかい を かいて ください。(Please write your own introduction).

第1課
単語

これ	This (Things <u>over here</u>-near the speaker)	
それ	That (Things <u>over there</u>-near the listener)	
あれ	That (Things <u>far away</u> from both the speaker and the listener)	
この	This (Things <u>over here</u>-near the speaker)	
その	This (Things <u>over there</u>-near the speaker)	
あの	That (Things <u>far away</u> from both the speaker and the listener)	

なまえ	Name	
わたし	I	私
わたしたち	We	
あなた	You	
ともだち	Friend	友だち
ひと	Person/People	人
みなさん	Everyone	

くに	Country	国
インド	India	
にほん	Japan	日本
かんこく	Korea	
アメリカ	U.S.A	
イギリス	U.K	
インドネシア	Indonesia	
タイ	Thailand	
ちゅうごく	China	中国
フランス	France	
フィリピン	Phillippine	

ブラジル	Brazil	
ドイツ	Germany	
えんぴつ	Pencil	
じん（にほんじん）	Nationality(Japanese)	
〜さん	Mr, Ms (Title added to a name)	
〜ちゃん	Title added to a name instead of 〜さん	
〜くん	Tittle added to boy's name	
ボールペン	Ball-pen	
プレゼント	Present	
ペット	Pet	
ラジオ	Radio	
テレビ	Television	
カード	Card	
カメラ	Camera	
テープレコーダー	Tape-Recorder	
ノート	Notebook	
スーパーマーケット	Supermarket	
ほん	Book	本
かばん	Bag	
じしょ	Dictionary	
ざっし	Magazine	
かみ	Paper	
てがみ	Letter	
しんぶん	Newspaper	新聞
〜さい（なんさい）	~Year old(How old)	
おいくつ	Polite equivalent of なんさい	

せんせい	Teacher	先生
かぞく	Family	
なん	What	何
だれ（どなた）	Who	
どこ	Where	
あさ	Morning	朝
かさ	Umbrella	
しつれいします	Excuse me, sorry	
ください	Please	下さい
おなまえは	May I know your name	お名前は
～が いい です	~is good	
～から きました	I come from	～から 来ました

内容
_{ないよう}

1. は
2. の
3. これ/それ/あれ
4. この/その/あの

文型
_{ぶんけい}

1. これは テレビ です。
2. あの ひと は わたし の ともだち です。
3. それは マリアさん の えんぴつ です。
4. ゆきさん は にほんじん です。

文法

1) <u>は</u>：A topic marker representing- is/am/are . は is pronounced as 'wa' not 'ha'. It is used by the 1st person to talk about the subject.

2) <u>の</u>：の describes possession, ownership of a person or thing.

3) <u>これ/それ/あれ</u>：Specific things depending on the location/distance of an object/thing from a listener/speaker.
これ：Refers to things closer to speaker.（これは かばん です）
それ：Refers to things closer to listener.（それは かばん です）
あれ：Refers to things far away from both listener and speaker.（あれは かばん です）

4) <u>この/その/あの</u>：Refers to things belonging to a person. Both (これ/それ/あれ and この/その/あの) can be used for same context/meaning with different grammatical formation.
Examples: 1. これは わたしの ほん です。(<u>これ＋particle＋object</u> = This is my bag)
    2. このほんはわたしのです。 (<u>この＋object＋particle</u> = This is my bag)

例文

1. あの ひと は <u>だれ</u> ですか。

2. これは わたし の じしょ です。

3. おてらは <u>どこ</u> ですか。

4. あなたは <u>なんーさい（おーいくつ）</u> ですか。

5. カリナさん は インドじん です。グプタさん も インドじん です。

6. わたしたち の くには かんこく です。

7. ボールペン が ありますか。
。。。いいえ、ありません。
。。。えんぴつ です/えんぴつ が あります。

8. その てがみ は きりとさんの ですか。
。。。はい、きりとさんの です。

9. プレゼント は <u>なん</u> ですか。ざっし ですか。
。。。いいえ、じしょ です。

10. わたしの テープレコーダーは それ です。

練習

1. ___ てがみは あなたの です。

   1)これ   2)あの   3)えの   4)さい

2. ___は あなたの てがみ です。

   1)あの   2)これ   3)えの   4)さい

3. リさん___ わたし___ ともだち です。

   1)の/は   2)は/も   3)か/の   4)は/の

4. ミラ-さん ___ せんせい です。

   1)は   2)か   3)が   4)かばん

5. あの ひとは ___ ですか。

   1)だれ   2)この   3)なに   4)どれ

読解:「わたしと わたし の ともだち」

おはようございます。
わたしは みつは です。これは わたしの ともだち よつは です。わたしたち は にほんじん です。わたしは 15ーさい です。よつはは 16ーさい です。わたしは ねこ が あります。よつは は いぬ が いい です。ありがとうございます みなさん!

問題1:あなたも ペートが いい ですか。

余分
よぶん

Numbers	Hiragana	Kanji
100	ひゃく	百
101	ひゃくいち	百一
200	にひゃく	二百
300	さんびゃく	三百
400	よんひゃく	四百
500	ごひゃく	五百
600	ろぴゃく	六百
700	ななひゃく	七百
800	はぴゃく	八百
900	きゅうひゃく	九百
1000	せん	千
2000	にせん	二千
3000	さんぜん	三千
4000	よんせん	四千
5000	ごせん	五千
6000	ろくせん	六千
7000	ななせん	七千
8000	はっせん	八千
9000	きゅうせん	九千
10,000	いちまん	一万
100,000	じゅうまん	十万

第2課

単語

ここ	This place (Over here)	
そこ	That place (Over there)	
あそこ	That place (Over there)	
こちら	This direction (Over here)	
そちら	That direction (Over there)	
あちら	That direction (Over there)	
とけい	Watch	
えん	Yen (Japanese currency)	えん
がっこう	School	学校
きょうしつ	Classroom	
がくせい	Student	学生
だいがく	University	大学
だいがくいん	University student	
いしゃ	Doctor	
びょういん	Hospital	
びょうき	Illness	
ぎんこう	Bank	銀行
かいしゃ	Company	会社
かいしゃいん	Company employee	
じむしょ	Office	
じどうしゃ	Automobile	
にわ	Park	
こうえん	Garden	
ぎゅうにゅう	Milk	
ミルク	Milk	
おちゃ	Tea	

まっちゃ	Matcha tea leaves	
コーヒー	Coffee	
ビール	Beer	
ワイン	Wine	
おさけ	Japanese alcohol	
うち	House	
いえ	House	家
へや	Room	
いす	Chair	
つくえ	Desk	
ドア-	Door	
カーテン	Curtain	
まど	Window	
うけつけ	Reception desk	
カード	Card	
ビル	Building	
エレベーター	Elevator	
デパート	Department store	
レストラン	Restaurant	
りんじん	Neighbour	
〜にん	Counter for people	人
〜かい	Counter for times (eg: 3 times)	〜回
ちか	Basement	
どこ	Where (the place)	
どちら	Where/Which Direction	
いくら	How much	

あかい	Red	赤い
あおい	Blue	青い
しろい	White	白い
くろい	Black	黒い
スペイン	Spain	
オーストラリア	Australia	
ネパール	Nepal	
イタリア	Italy	
どぞ	Please/here you are	
を みせて ください	Please show me	を 見せて ください
これから おせわに なります	Please take care of me	
こちら を どぞ	Here	
じゃ	Well/in that case/then	
ああ！	Oh!	

内容
<small>ないよう</small>

1. ここ/そこ/あそこ
2. こちら/そちら/あちら
3. も
4. にん

文型

1. エレベーターは あそこ です。

2. ぎんこうは どちら ですか。

3. カリナさんは けんしゅうせい です、マリアさんも けんしゅうせい です。
   。。。。わたしもです。

4. リーさん、あなたの ともだちは なんにん ですか。
   。。。。ともだち ですね。3にん です。

5．うけつけは 4かい です。

文法

1) も：This particle replicates English words "also" or "too".

Example: - 1. わたしも いぬ が いいです。（I also like dog/ I like dogs too).

2) にん：にんis a counter used to count people.

 *Formation: 1 person: ひとり

          2 people: ふとり

          3 or more people: ~にん

          ～かぞくは 5にん です。

3) ここ/そこ/あそこ: These are demonstrative words (just like: これ/それ/あれ) referring to a <u>place.</u>

ここ: Over here (Place closer to the speaker)

そこ: Over there (Place closer to the listener)

あそこ: Over there (Place far away from the both the speaker and the listener)

WH question formation:

どこ: where (the place)

4)こちら/そちら/あちら: These are demonstrative words (just like: これ/それ/あれ) referring to a direction.

こちら: Over here (Place closer to the speaker)

そちら: Over there (Place closer to the listener)

あちら: Over there (Place far away from the both the speaker and the listener)

WH question formation:

どちら: where (the direction)

Examples :

１．わたしの　がっこう　は　ここです。(My school is over here).

２．かいしゃは　そちらです。(My company is over there).

例文

1。これは　どこの　とけい　ですか。

　。。。ああ(Oh)！　これは　ドイツの　です。

2。あなたの　くにに　いま　なんじ　ですか。

　。。。ブラジルに　いま　四じ (4 o'clock) です。

3。よつはさん、きょうしつ　に　なんにん　がくせい　ですか。

　。。。六十七にん (67 People)　です。

4。あそこは　だいがく　です、がっこうも　です。

5。びょういん　は　こちらですか。

　。。。はい、こちら　を　どぞ。

6。その　ワイン　は　いくら　ですか。

　。。。四万円（40,000 Yen）です。

7。コーヒーは　いかが　ですか。

　。。。いいえ、おちゃが　いいです。

8。ビルの　うけつけ　を　みせて　ください。

　。。。はい、どぞ。

9。あなたの　りんじん　です。これから　おせわに　なります。

10。リーさん、あかい　くるまは　あそこです。
　　。。。。ああ！　ありがとうございます

練習
れんしゅう

1. いま　ひとは　5___　です。

    1)かい　2)さい　3)にん　4)まい

2. レストランは　___　ですか。

    1)なん　2)たれ　3)どれ　4)どちら

3. わたし___　ともだち___　いしゃ　です、わたし___　いしゃ　です。

    1)は/も/の　2)き/の/は　3)の/も/は　4)の/は/も

4. あそこ___　にわ　です。

    1)だれ　2)も　3)は　4)の

5. マリアさんの　かいしゃの　ビルは　20___　です。500___　かいしゃいん　です。

    1)にん/かい　2)かい/にん　3)にん/かい　4)さい/に

読解：「IMC の かいしゃいん」

IMC の かいしゃに 六百にん かいしゃいん です。マリアさんは IMCに かいしゃいん です。カリナさんも IMCに かいしゃいん です。マリアは 2かいに います。カリナさんは 3かいに います。ここは IMC のビル です。あそこは ビル の エレベーター です。

問題

例：マリアさんは 3かいに います。(X)

1. マリアさんも カリナさんも IMC の かいしゃいん です。（ ）
2. IMCに ５００にん かいしゃいん です。（ ）

余分

- 色

Words	かんじ	Meaning
くろい	黒い	Black
しろい	白い	White
あおい	青い	Blue
あかい	赤い	Red
きいろ	黄色	Yellow
みどり	緑	Green
ちゃいろ	茶色	Brown
だいだいいろ	橙色	Orange
むらさき	紫	Purple
はいいろ	灰色	Grey
あおぞらいろ	青空色	Blue Sky
きんいろ	金色	Golden

Counters

1) Floors

	階 (Floors of building) 〜かい
1.	いっかい
2.	にかい
3.	さんかい
4.	よんかい
5.	ごかい
6.	ろっかい
7.	ななかい
8.	はっかい
9.	きゅうかい
10.	じゅうかい/じっかい
?	なんかい

2) People

	人 (Person) 〜にん
1.	ひとり
2.	ふたり
3.	さんにん
4.	よにん
5.	ごにん
6.	ろくにん
7.	ななにん/しちにん
8.	はちにん
9.	きょうにん
10.	じゅうにん
?	なんにん

第3課

単語

おきます	Wake up	起きます
ねます	Sleep	
べんきょう します	Study	勉強します
はたらきます	Work	働きます
おわります	Finish/End	
〜を します (パーティー を します)	To do (Have a party)	
〜へ いきます (こべ へ いきます/きます)	To go (I will go to/come to Kobe)	〜へ行きます
えき	Station	駅
でんしゃ	Train	電車
ちかてつ	Subway	
ばんせん	Platform	
しんかんせん	Bullet train	
ふね	Ship	
タクシー	Taxi	
バス	Bus	
バスてい	Bus stop	
ひこうき	Airplane	
くうこう	Airport	
きっぷ	Ticket	
チケット	Ticket	
おととい	The day before yesterday	
きのう	Yesterday	昨日
きょう	Today	今日

あした	Tomorrow	明日
あさって	The day after yesterday	
あさ	Morning	朝
ひる	Noon, Day time	昼
ゆうがた	Evening	夕方
よる	Night	夜
けさ	This morning	
こんばん	This evening	
ごぜん	Morning (AM)	午前
ごご	Afternoon (PM)	午後
まいあさ	Every morning	毎朝
まいばん	Every evening	
まいにち	Everyday	毎日
まいしゅう	Every week	毎週
まい〜	Every〜	
にちようび	Sunday	日曜日
げつようび	Monday	月曜日
かようび	Tuesday	火曜日
すいようび	Wednesday	水曜日
もくようび	Thursday	木曜日
きんようび	Friday	金曜日
どようび	Saturday	土曜日
なんようび	What day of the week	何曜日
〜から	From〜	
〜まで	Upto〜, until〜	
べんきょう	Study (Noun)	勉強

けんがく	(Factory) visit for study and observation	
これから	From now on, after that	
それから	Then	
～ご	~Language	語
にほんご	Japanese language	日本語
こうぎ	Lecture	
かいぎ	Meeting	
かぎ	Key	
ラジオ	Radio	
チョコレート	Chocolate	
レース	Race	
サッカー	Soccer	
テニス	Tennis	
スキー	Skiing	
バスケットボール	Basketball	
やきゅう	Baseball	
じゅうどう	Judo	
そうですか。	Is that so/Ok	
そうですね。	I agree	
たいへん ですね。	It is terrible (Difficult)/ hard to do	
じゃ	Well, OK.	
じゃあ また。	See you	
じゃ おこれ ください。	Then please do this/ go for this	じゃおこれ下さい

内容

1. から

2. まで

3. に

文型

1. まいあさ なんじ から なんじ まで べんきょうしますか。

2. まいあさ ごぜん 6じ に おきます、ごご 11じ に ねます。

3. きょうは、8じ から 9じ まで はたらきます。

4. にちようびに 1じかん サッカー を します。

5. こうぎは 15ふん に おわります。

文法
ぶんぽう

1) に：There are multiple uses of に particle (which will be discussed in further lessons. One of the uses is as TIME MARKER (AT/ON/IN-HOURS/DAYS/MONTHS).

NOTE: に does not follow relative time expression, instead は particle is used, for eg:

きの/ きょう/ あした

せんしゅう/ こんしゅう/ らいしゅう

せんげつ/ こんげつ/ らいげつ

きょねん/ ことし/ らいねん, etc.

2) から…まで：This literally means from…to/up to/until. It talks about specific time frame in which

any work has been done.

Other uses of から：

- Used as 'after'

- Can be used as equivalent to に i.e both are interchangeable. から specifies origin or start of time and に specifies time.

- Used as 'because'

3) までに：Basically, までに can be considered as "by the time" or "before", for e.g:

4) じ　までに　おきます。(I will wake up before 4 o'clock).

例文

1. グプタさん　まいばん　ピンポン　を　しますか。
   。。。いいえ　まいしゅうの　どよううびに　2じかん　します。

2. いま なんじ　ですか。
   。。。10じ　10ぷん　です。

3. りさん　いつ　おさか　へ　きますか。
   。。。あしたの　ひるに　きます。

4. わたしは　にほんご　を　べんきょうします，えいご　も　べんきょうします。

5. かんこくの　こうぎは　なんじ　から　ですか。
   。。。9じ　から　です。

6. きょうは　なんようび　ですか。
   。。。もくようび　です。

7. さくら　かいしゃの　かいぎは　きょう　6じに　です。
   。。。そうですか。
   。。。たいへんですね！

8. あしたは　6じ　から　8じ　まで　えいごの　しけん　です。
   。。。がんばって　ください。

9. こにちわ　たなかさん　ですか。
。。。たなかさんは　いま　かいぎ　から　はたらきます。

10. あしたは　レース　から，きょうは　１０じに　ねます。

練習

1. まいばん　５じ＿＿＿　７じ＿＿＿　べんきょうします。
   1)から/まで　2)から/また　3)じ/に　4)に/じ

2. レースは　＿＿＿じ　＿＿＿　ですか。
   1)なに/は　2)にん/は　3)なん/から　4)から/どこ

3. いま＿＿＿　４じ　です。べんきょう＿＿＿　じかん　です。
   1)も/の　2)は/の　3)に/は　4)から/に

4. まいにち　６じ＿＿＿　おきます。１１じ＿＿＿　ねます。
   1)は/は　2)に/に　3)は/に　4)に/は

5. にちようび＿＿＿　テニス＿＿＿　します。
   1)は/も　2)は/を　3)に/も　4)に/を

読解：「ゆきさん　の　よてい」

ゆきさんは　まいあさ　5じに　おきます。6じ　から　6じ　45ふん　まで　サッカー　を　します。これから　がっこうへ　いきます(8じ　から　1じ　まで)。がっこう　から　4じかん　アルバイト　を　はたらきます。これから　うちへ　きます。まいにち　たいへんですね！

問題

例：ゆきさんは　まいあさ　5じに　おきます。（0）

1. ゆきさんは　まいあさ　1じかん　テニスを　します。（　）
2. ゆきさんは　まいにち　3じかん　はたらきます。（　）

余分

- から vs に：から can also be used as に. So if you are confused as to which one to be used, always use に particle.

- Verb: words ending with ます are verbs.

  Note: に can not be used at the place of から.

- ね and か：

ね	か
ね has 3 meanings:	か has 2 meanings:
i. Agreement ii. Wondering/ Thinking iii. Confirmation	i. Question ii. Confirmation

Counters:

1) Minutes

Minutes in number	分 (Minutes)	Kanji
	〜ふん、〜ぷん、〜ぶん	〜分
0	れいふん/ゼロふん	零分
1	いっぷん	一分
2	にふん	二分
3	さんぷん	三分
4	よんぷん	四分
5	ごふん	五分
6	ろっぷん	六分
7	ななふん/しちふん	七分
8	はっぷん	八分
9	きゅうふん	九分
10	じゅうぷん/じっぷん	十分
11	じゅういっぷん	十一分
20	にじゅうっぷん	二十分
?	なんぷん	何分

2)Hours

Hour in number	Hour (o'clock)	Kanji
1	いちじ	一時
2	にじ	二時
3	さんじ	三時
4	よじ	四時
5	ごじ	五時
6	ろくじ	六時
7	しちじ	七時
8	はちじ	八時
9	くじ	九時
10	じゅうじ	十時
11	じゅういちじ	十一時
12	じゅうにじ	十二時
Question？	なんじ	何時

第4課

単語

います	To be/ exist	
あります	To have/ exist	
はたらきます	Work	働きます
あるきます	Walk	歩きます
きます	Come	来ます
いきます	Go	行きます
かえります	Return	帰ります
わかります	Understand	分かります
あるいて	By walking	歩いて
ひとりで	By myself	一人で
かぞく	Family	家族
りょうしん	Parents	
おかあさん	Mother	母
はは	Mother	母
おとうさん	Father	父
ちち	Father	父
きょうだい	Siblings	兄弟
あね	Elder sister	姉
おねえさん	Elder sister (someone else's)	お姉さん
あに	Elder brother	兄
おにいさん	Elder brother (Someone else's)	お兄さん
いもうと	Younger sister	妹
おとうと	Younger brother	弟

いま	Now	今
〜ふん（〜ぷん）	Minutes	分
はん	Half Past	
じかん	Time	時間
〜じ	O'clock	
せんしゅう	Last week	先週
こんしゅう	This week	今週
らいしゅう	Next week	来週
せんげつ	Last month	先月
こんげつ	This month	今月
らいげつ	Next month	来月
きょねん	Last year	去年
ことし	This year	今年
らいねん	Next year	来年
しゅうかん	Week	週間
しゅうまつ	Weekend	週末
つき	Month	つき
とうきょう	Tokyo	東京
きょうと	Kyoto	京都
こべ	Kobe	
おおさか	Osaka	
ふくしま	Fukushima	
デンマーク	Denmark	
エジプト	Egypt	

そう	so	
ちょっと	A little	
(ちょっと)まって ください	(A little) wait please	ちょっと 待って下さい
ちがいます	No, it isn't/you are wrong/ Different	
またあした	See you tomorrow	
どうも	Thank you	
いらっさいます	Welcome, may I help you? (A greeting to to a customer/ guest entering a shop/ restaurant/hotel, etc)	

内容
ないよう

1. います and あります

文型
ぶんけい

1. きょうだいは 3にん です。

2. わたしの たんじょうびは さんげつ の よっか です。

3. まいげつ の ここのかに テニス を します。

4. らいねん オリンピクは とうきょうに なながつに はじめます。

5. わたしたちは きょねん にほん から きました。

6. いす が あります。

7. おんあのこ が います。

文法
<small>ぶんぽう</small>

あります and います are two verbs used to express the existence of things/plants (non-animated) and people/animals (animated) respectively.

あります is used to represent things/nouns which do not move by themselves, such as a thing or plant, while います is used for things/nouns which move by himself/itself, such as people or animals.

The plant, thing, people, and animal are treated as subjects and hence used with the particle が.

Formation*
ネクタイ　が　あります　(There is a necktie.) //for non-animate thing//

みずの　なかに　さかな　が　います　(There is a fish in the water) //for people and animal//

例文

1. ロビー に テレビ が あります。

2. へや に 4にん ひと が います。

3. こんげつ の むいか に ともだち の たんじょうび が あります。

4. あなた は いもうと が いますか。
。。。いいえ，いません。おとうと が います。

5. りょしん は どこ ですか？ ほかいどう ですか。
。。。いいえ，こべ に います。

6. らいしゅう は ミラーさん の けっこんですか。
。。。いいえ，らいげつ の 24にち です。

7. にほんご の こうぎ は らいげつ の なんにち ですか。
。。。そうですね！とおか ですね。

8. まいげつ にかい がっこう かいぎ が あります。
。。。おお。わかります。どもありがと ございます。

9. この かばん は ５００えん です。

　。。。じゃ、 を これ ください。

10. あした は ひま です から いちにちじゅう ねます。

練習

1. わたしは いぬ ＿＿＿ います。

　　1)に　2)が　3)は　4)も

2. ともだち が ＿＿＿。

　　1)います　2)ありません　3)します　4)しません

3. こんしゅう＿＿＿ きにょうび＿＿＿ ひま です。

　　1)は/の　2)は/は　3)の/は　4)の/の

4. あるいて だいがく ＿＿＿ いきます。

　　1)も　2)から　3)は　4)へ

5. きょうだいは ＿＿＿にん ですか。

　　1)いつ　2)なん　3)だれ　4)どこ

読解:「たなかさん の たんじょうび」

たなかさん の たんじょうびは はちがつ の はつかに います。

たなかさん は いま 19さい です。たんじょうびに パーティー を します。かのじょは まいたんじょうび 6じに おきます。パーティーはうちに します。たなかさんは おくりもの が いい です。みんなさん、たんじょうびに じゃ また。

問題

例:たなかさん の たんじょうびは しがつ の はつかに います.（X）

1. たんじょうびに 20さい に なります。（ ）
2. パーティーは だいがく に します。（ ）

余分
_{よぶん}

- います and あります: These 2 verbs take が particle, but there is always some exception depending on the context.

- **Counter:**

1) Days of the month:

Words	Meaning
ついたち	First day of the month
ふつか	Second, two days
みっか	Third, three days
よっか	Fourth, four days
いつか	Fifth, five days
むいか	Sixth, six days
なのか	Seventh, seven days
ようか	Eighth, eight days
ここのか	Ninth, nine days
とおか	Tenth, ten days
じゅうよっか	Fourteenth, fourteen days
はつか	Twentieth, twenty days
にじゅうよっか	Twenty fourth, twenty four days
にち	Th day of the month, days

第5課

単語

きます	Come	来ます
いきます	Go	行きます
かえります	Return	帰ります
たべます	Eat	食べます
のみます	Drink	飲みます
ならいます	Learn	習います
おしえます	Teach	教えます
よみます	Read	読みます
かきます	Write	書きます
ききます	Hear	聞きます
つくります	Produce	作ります
すいます	Smoke	吸います
たんじょうび	Birthday	
こいびと	Lover	
のみもの	Drink	
ジュース	Juice	
みず	Water	水
おさけ	(O) Sake	
こうちゃ	Black coffee	
おちゃ	Green coffee	
たべもの	Food	
やさい	Vegetables	野菜

さかな	Fish	魚
にく	Meat	
とりにく	Chicken	
ぶたにく	Pork	
ぎゅうにく	Beet	
たまご	Egg	
パン	Bread	
えび	Shrimp	
すし	Sushi	
カレーライス	Curry rice	
てんぷら	Tempura	
うどん	Wheat Noodles	
やきとり	Grilled Chicken Skewers	
くだもの	Fruits	
オレンジ	Orange	
いちご	Strawberry	
りんご	Apple	
ぶどう	Grape	
スイカ	Watermelon	
パイナップル	Pineapple	
ブルーベリー	Bueberry	
さくらんぼ	Cherry	
ごはん	Meal/Cooked rice	ご飯
あさごはん	Breakfast	朝ご飯
ひるごはん	Lunch	昼ご飯

ばんごはん	Dinner	晩ご飯
どうぐ	Tools	
はさみ	Scissors	
ドライバー	Screwdriver	
ペンチ	Pliers	
バケツ	Bucket	
ハンマー	Hammer	
はしご	Stairs	
よかったですね	That's great	
いいですね	It's good/It sounds good	
わかりました	I see/Ok/Understood	分かりました
おめでとうございます	Congratulation	お目出とうございます
わあ	Wow, oh (Expression of surprise)	
いただきます	Thank you. I accept (said before starting to eat or drink)	
ごちそうさま(でした)	That was delicious (said after finishing the meal)	
がんばってください	All the best	頑張ってください

内容
<small>ないよう</small>

1. へ
2. を
3. と

<ruby>文型<rt>ぶんけい</rt></ruby>

1. わたしは　ともだちと　ばんごはん　を　たべます。
2. らいねん　リーさんは　くにへ　かえります。
3. いっしょに　のみませんか。
4. あなたは　わたしの　くるま　を　しゅうりますか。
5. この　ほんは　だれの　ですか。

<ruby>文法<rt>ぶんぽう</rt></ruby>

1) へ：へ is a particle, pronounced as え which is used to indicate direction of a place.

It is followed by きます/いきます/かえります, for e.g:

ふくしまへ　いきます。(I will go to Fukushima).

2) を：を (Wo) can be used to mark the direct object of the sentence (Japanese) when it is directly

linked to a verb i.e it is used to describe the action of the verb linked with the direct object.

*Formation :
Object + を + Verb = ほん　を　かきます

3) と：It's another particle meaning : 'and' or with/together. It only connects nouns and pronouns

(never phrase and clauses), for e.g-

ともだちと　スーパーへ　いきます。(I will go to supermarket with my friend).

Other use:

と particle is also used to indicate <u>comparison and contrast</u> between 2 nouns, for e.g:

さかなと　とりにくと、どちら　が　いいですか？ (Which one do you like better, fish or beef ?)

例文
<small>れいぶん</small>

1. あねと いもうとは ぶたにくと カレーライス を つくります。

2. この しんぶん を よみますか。

3. ちちと ははと おんがく を ききます。

4. あなたの せんせいは なに を おしえますか。
   。。。え を おしえます。

5. ミラーさん，いつ まちに いきますか。

6. あした いっしょに おてらへ いきませんか。

7. しゅうまつ どこへ いきますか。
   。。。おかあさんと スーパーへ いきます。

8. あさごはん を たべましょうか。
   。。。はい，いただきます。

9. あなた は たばこ を すいますか。
   。。。いいえ，すいません。

10.ちゃいろと　むらさきと　どちら　が　いいですか。
。。。ああ！むらさきよう。

練習

1. りんご＿＿＿　いちご＿＿＿　どちら　が　いい　ですか。
   1)に/と　2)も/も　3)は/を　4)と/と

2. こんばん　なに　＿＿＿　たべますか。
   1)の　2)は　3)に　4)を

3. さくらちゃん＿＿＿　どこ＿＿＿　いきますか。
   1)は/へ　2)へ/に　3)は/に　4)の/へ

4. こいびとは　あした　くに＿＿＿　かえります
   1)の　2)は　3)へ　4)を

5. さかな＿＿＿　やさい＿＿＿　たべます。
   1)の/の　2)も/も　3)は/は　4)へ/へ

読解: 「レストランで」

わたしの　なまえは　ミラーです。

かぞくは　5にん　です。ときどき　そと（レストラン）たべもの　を
たべます。あしたは　おとうとの　たんじょうび　ですから　いっしょうに
はなレストランで　いきます。

おかあさんと　おとうとは　ぎゅうにくが　いい　です。わたしも　いい
です。

いっしょうに　おさけも　のみます。いい　ね！

問題

例：かぞくは　5にん　です。（0）

1. あしたは　いもうとの　たんじょうび　です。（　）

2. まいにち　そと　たべもの　を　たべます。（　）

3. ミラーさんは　ぎゅうにくが　いい　です。（　）

余分
_{よぶん}

- Sometimes subject gets omitted in Japanese.

Example: わたしの　かぞくは　ごにん　です **OR** かぞくは　ごにん　です。

- <u>~ませんか</u>：It is used to ask someone if they would like to do something.

Example: いきませんか means would you like to go ?

- <u>~ません</u>：Suffix used to negate a verb in present tense.

Example: すいません means I don't smoke.

- <u>~よ</u>: Indicates certainly, emphasis, contempt, request etc.

Example: むらさきよ means むらさき (the one who is むらさき).

- <u>~ましよう</u>：Here, it means let's.

Example: たべましよう means let's eat.

第6課

単語

かけます （でんわ を かけます）	Call (Make a phone call)	かけます
あいます	Meet	合います
かいます	Buy	買います
かります	Borrow	借ります
かします	Lend	貸します
さんぽします	Walk (in a garden)	散歩します
およぎます	Swim	泳ぎます
とります （しゃしん を とります）	Click (Click a photo)	
きります	Cut	
やすみます	Holiday	休みます
ふく	Clothes	服
きもの	Kimono	着物
したぎ	Innerwear	下着
うわぎ	Outerwear	上着
ぼうし	Cap	
くつ	Shoes	
くつした	Shocks	
ネクタイ	Tie	
パジャマ	Pajama	
ドレス	Dress	
ベルト	Belt	
ズボン	Trouser	
シャツ	Shirt	
コート	Coat	

スーツ	Suit	
おかね	Money	お金
おかねもち	Rich person	お金持ち
こうじょう	Factory	工場
としょかん	Library	図書館
びじゅつかん	Museum	
せいと	Student	
がくせい	Student	
けんしゅうせい	Trainee	
かのじょ	She	
かれ	He	
からだ	Body	体
あたま	Head	頭
うで	Arm	
おなか	Stomach	
あし	Legs	足
て	Hands	
くび	Neck	
いくら	How much (price)	
だれと	With whom	
どこで	Where	
なんで	By what	
ムンバイ	Mumbai (city in India)	
プネ	Pune (city in India)	

ほっかいどう	Hokkaido	北海道
とくしま	Tokushima	徳島

ぜんぶで	In total	
きっさてん	Coffee shpo	

くすり	Medecine	薬
かぜ	Cold	
せき	Cough	
いたい （あたまが いたい です）	Pain (My head hurts)	

くるま	Car	車
じてんしゃ	Bicycle	自転車
でんしゃ	Train	電車
モーターバイク	Motorbike	

かぜ を ひきました	Caught a cold	
いい（さつ）ですね	Nice (Shirt)	
すごい ね！	Amazing!	
ねつ が あります	I have a fever	
よかった ですね！	It's good!	良かったですね！

内容
(ないよう)

1. で particle
2. に particle

文型
(ぶんけい)

1. ナイフで やさい を きります。
2. 図書館(としょかん)で 本(ほん) を かります。
3. へやに かのじょ が います。
4. 日本ご(にほんご)で 本(ほん) を 書(か)きます。
5. 日本(にほん)に いしょうに 行(い)きませんか。

文法

(1) で： で particle has **multiple uses**, such as:

(i) で **particle to indicate the place at which an action or event takes place:** It is used as "at", "on", or "in" in English. で Particle comes after the place (noun) and before the action verb in the sentence.

Example:- １．大学で　べんきょうします。(I study at the university.)

　　　　　２．プールで　およぎます。(I swim in the swimming pool.)

(ii) で **particle used to indicate means:** This particle can also be used to indicate means, method or instruments which translates to "by, with, in, by means of, etc.

Example:- １．バスで　家に　行きます。(I will go home by bus.)

　　　　　２．ドイツごで　本　を　読みます。(I read book in German.)

(iii) で **particle to indicate total:** It is used to indicate total/altogether/in total/extent when placed after the quantity, time, or amount of money.

Example:- 1. ぜんぶで　６００円　です。(Total is 600 yen.)

(iv) で **particle to indicate time spent for something or needed to do something which translates to "in" or "within":**

Example:-1. ３時間で　会社に　行きます。(I will reach the company within 3 hours.)

(v) で **particle for required cost:** This particle can also be used to indicate cost.

Meaning: "for"

Example:-1. ネクタイは　２００円で　買います。(I will buy the tie for 200 yen.)

(vi) で particle to indicate scope, and extent : One of its uses is like "in", "within", and "among" to indicate scope and extent.

Example:-1. あなたは　ともだちで　いちばん　いい　です。(I like you the most among all friends.)

(vii) で particle to indicate cause: It indicates a causal reason for an action or occurrence. Translating "due to", "because of", "owing to", etc.

Example:-1. せきで　学校(がっこう)　を　休(やす)みます。(I will not go to school due to cough.)

(2) に particle:

(i) に particle to indicate time (refer chapter 4)

(ii) に particle to indicate location of existence: に particle can express animated and non animated existence.

Example:-1. 日本(にほん)に　います。(I live in Japan.)

> *NOTE: While に particle indicates location of existence, で particle indicates location of action.
>
> i.e : に particle focuses on where you are and で particle focuses on what you do.
>
> Example:- 1. 日本(にほん)に　います。

(iii) に **to indicate direction and destination (**に **vs.** へ**):**

Both に and へ can be used to express direction and destination with the motion verbs like いきます, います, etc. In this context に and へ are interchangeable.

Example:- １．さくら　大学に　行きます。(I go to Sakura university.)

　　　　　２．さくら　大学へ　行きます。(I go to Sakura university.)

(iv) に **particle to indicate source (**に **vs** から**):** に can be used to indicate source. に and から can express source, they are interchangeable. Meaning: "from"

Example:- １．いもうとに　話　を　聞きます。(Hear story from younger sister.)

　　　　　２．いもうと　から　話　を　聞きます。(Hear story from younger sister.)

(v) に **particle to indicate notion of per:** It expresses notion of per which is not interchangeable with other particles.

Example:- 日に　４回　ジュース　を　飲みます。(I drink juice 4 times a day)

例文

1. どこで プレゼント を 買いますか。
   。。。はるき スーパで 買います。

2. グプタさん、何 ですか。
   。。。かぜで あたまが いたい です。

3. しゃしん を とりましようか。
   。。。はい，どぞ。

4. この シャツ は いくら ですか。
   。。。ぜんぶで ８００円 です。

5. リーさん、何で おさかへ 来ますか。
   。。。ひこうきで 来ます。

6. マリアさん、何時 に おきますか。
   。。。６時 です。

7. だれと さんぽしに 行きますか。
   。。。一人で 行きます。

8. こうえんに ねこと 犬 が あります。

。。。すごい ですね。

9. かのじょの たんじょうびに 何 を 買いますか。

。。。おお！たんじょび ですね。

。。。むらかみ はるきの 本 を 買います。

10. こうべ から 駅 まで いくら ですか。

。。。３００円 です。

練習

1. 日本語＿＿ 話ます。

　　1)に　2)は　3)で　4)へ

2. この 人＿＿ ともだち です。

　　1)に　2)と　3)も　4)は

3. 日ようびは だれ＿＿ どこ＿＿ 行きます。

　　1)へ/と　2)と/へ　3)を/へ　4)へ/は

4. たんじょうび＿＿ くつ＿＿ 買います。

　　1)は/を　2)に/から　3)を/へ　4)から/を

5. かのじょうは きっさてん___ 会ます。

   1)で　2)も　3)に　4)と

読解：「ムンバイ から プネ まで」

みつはさんは いま ムンバイに います。来月 電車で プネへ 行きます。プネ 駅から マリアさんの 家まで、じてんしゃで 行きます。家で いっしょうに 魚も とりにくも 食べます。それから しゃしんも とります。

いいですね。

みんなさん、来月 あなたは 何を しますか。

問題：(O) / (X)

1. マリアさんは 今 プネに いません。（　）
2. いっしょうに たまごと パンを 食べます。（　）
3. 家で しゃしんを とります。（　）

余分

- なん/なに：なん and なに are essentially the same word and are interchangeable. なん literally means what , when it is use with verb it becomes なに.

For example, if you are just saying "What?", then it would be "なに".

If you are saying "What is it?", it would be "なん ですか".

Other:
1. 何を 食べますか。(What do you eat?)
2. 何で 学校へ 行きますか。（By what you go to school.)

第7課

単語

みます	See	見ます
あげます	Give (Me to someone else)	
もらいます	Receive	
じっしゅうします	~Do practical trining	
します （ピンポンをします）	Play (Play Table Tennis)	
します	Do	
あびます （シャワーをあびます）	Take (Take a shower)	
ねます	Sleep	
よく	Well	
だいたい	Almost, roughly	
ぜんぜん	Not at all (used in a negative sentence)	
もちろん	Of course	
あまり	Not so~ (used in a negative sentence)	
たくさん	Many/much	
すこし	A little/ a few	少し
たいへん	Very/terribly	
やま	Mountain	山
ふじさん	Fuji mountain	富士山
かわ	River	川
まち	Town	町
ところ	Place	所
ひま	Free time/leisure	
おくさん	Wife (someone else's)	奥さん

かない	wife (one's own)	家内
まつ	Wife (Generalised form)	松
おっと	Husband (Generalised form)	夫
しゅじん	Husband (one's own)	主人
ごしゅじん	Husband (someone else's)	ご主人
こども	Child	子ども
しけん	Exam	試験
しゅくだい	Homework	
ほんや	Bookstore	本屋
〜や	〜store	
なぜ	Why	
どうして	Why	
どう	How	
どんな〜	What kind of 〜	
どれ	Which one	
まだ	Not yet	
そして	And (connecting sentences)	
だれも	Nobody (used in a negative sentence)	
なにも	Nothing (used in a negative sentence)	
どこも	Nowhere (used in a negative sentence)	
マレーシア	Malaysia	
ペルー	Peru	
あきた	Akita	秋田
えびの	Ebino	

なん です か.	May I help you?/What is is?	
どう しました か.	What's the matter (with you)?	
あした ひま です か.	Are you free tomorrow?	明日ひまですか.
もしもし	Hello (on the telephone)	
おめでとうございます	Congratulation	
お げんき です か.	How are you?	お元気ですか.
どう でしたか。	how was it?	

内容
<small>ないよう</small>

1. ます、ました、ません、ませんでした - Tense forms
2. まだ です
3. もう
4. も

文型
<small>ぶんけい</small>

1. きのう こうべ から かえりました。

2. しゅくだい は もう 終わりました。

3. もう かいぎしつに 行きません。

4. まだ ひるごはん を 食べませんでした。

5. 日本で ふじさん を 見ませんでした。

6. 来月 どこも 行きません。

文法

1) Japanese has 2 types of tenses:

i) Past Tense

ii) Present tense

There is no future tense. Present tense and future tense is used in a similar way. Depending on the context and verb used, meaning of the sentence can be identified.

i) **Past tense**: Here, 〜ます becomes:

〜ました：Positive past tense

〜ませんでした：Negative past tense

Example: 1. 食べ物 を 食べました。(I have had my food.)

2. 食べ物 を 食べませんでした。(I did not have my food.)

Vocabulary/Noun that take past tense are:

きのう

おととい

せんしゅう

せんげつ

きょねん, etc.

Note: 〜です becomes でした (positive past tense). Other related forms will be explained in further chapters.

ii) **Present tense**: Here, 〜ます becomes:

〜ます: Positive present (and future tense) tense

〜ません: Negative present tense

Example: 1. 本を 読みます。 (I read book/ I will read book.)

2. 本を 読みません。 (I don't read book/ I will not read book.)

2) まだ。。ません：Not yet

When まだ is used as 'not yet' in a sentence, it takes negative form of a tense (past tense/ present tense).

Example: まだ おんがく を 聞きませんでした。 (not yet listened to the music)

3) もう：

It literally means 'already' when used in a positive context (past tense) i.e ～ました.

It also means 'no more/never/anymore' when used in a negative context (past tense/ present tense)

i.e ～ませんでした/ ～ません.

Example: もう （お)さけ を 飲みました。 (I already drank [o]sake.)

もう （お)さけ を 飲みません。 (I do not/ will not drink [o]sake anymore.)

例文

1. カリナさん、どう しましたか。
 。。。しけんの べんきょうは まだ 終わりません。

2. もう 食べましたか。
 。。。はい，ごちそうさまでした。

3. クラスマスに じしょ を もらいました。
 。。。わあ！いい ですね。

4. だれと 日本語 を ならいましたか。
 。。。一人で ならいました。

5. みなさん、食べ物 もう 食べましたか。
 。。。いいえ，まだ 食べません。

6. この しゃしんは どこで とりましたか。
 。。。おお！この しゃしん。
 。。。フランスで とりました。

7. なぜ (お)さけを 飲みませんか。
 。。。ねつが ありますから 飲みませんよう。

8. 何で ごはんを 食べますか。

。。。はしで 食べます。

9. ダンスの じしゅうしましたか。

。。。いいえ，じしゅうしませんでした。

10. 明日は ひま ですから どこへ 行きますか。

。。。どこも 行きません。

練習

1. 何____ しゃしん を とります。
    1)に 2)は 3)を 4)で

2. ____レストランで ごはん を 食べました。
    1)きのう 2)きょう 3)あさって 4)あした

3. へやに ねます から どこ____ 行きません。
    1)へ 2)を 3)も 4)で

4. (お)さけ を ____ 飲みません。
    1)だれ 2)も 3)まだ 4)どこ

5. おとといにわへ 行き____。
    1)ます 2)ません 3)ました 4)かた

読解:「きのう の しけん」

リーさん:ラオさん、きのう 何を しましたか。

ラオさん:きのう、私の 大学で しけんでした。

リーさん:しけん でしたね!どう でしたか。

ラオさん:ぜんぜん べんきょうしませんでした から たいへん でしたよ!

リーさん:なぜ。

ラオさん:かぜ を ひきました から おとといは 夜に あまり ねませんでした。

リーさん:ああ!そですか。今 げんき ですか。

ラオさん:はい、げんきです。どうも ありがとう ございます。

問題:(O) / (X)

1. ラオさんは 少し べんきょうしました。( )

2. かぜ を ひきました から しけんは たいへん でした。( )

余分
よぶん

- あまり and ぜんぜん: These always take negative sentences.

Example: あまり 分（わ）かりませんから 何（なに）も 読（よ）みません。(I don't understand, so I can't read anything.)

- なにも (Nothing)
  だれも (Nobody) — These always take negative sentences.
  どこも (Nowhere)

Example：1. いいえ，明日（あした）は どこも 行（い）きません。(No, I am going nowhere.)

2. いいえ，きょうしつに だれも いません。(No, there is nobody in the classroom.)

- Tense Formation:

Present (+)	Present(-)	Past(+)	Past(-)
書（か）きます	書（か）きません	書（か）きました	書（か）きませんでした
聞（き）きます	聞（き）きません	聞（き）きました	聞（き）きませんでした
飲（の）みます	飲（の）みません	飲（の）みました	飲（の）みませんでした
買（か）います	買（か）いません	買（か）いました	買（か）いませんでした
かします	かしません	かしました	かしませんでした
食（た）べます	食（た）べません	食（た）べました	食（た）べませんでした
かけます	かけません	かけました	かけませんでした
見（み）まし	見（み）ません	見（み）ました	見（み）ませんでした
来（き）ます	来（き）ません	来（き）ました	来（き）ませんでした
します	しません	しました	しませんでした

第8課

単語

わかります	Understand	分かります
あります	Exist, Be (referring to inanimate things)	
います	Exist, Be (referring to animate things)	
やすみます（かいしゃ を～）	Take a day off (From the company)	休みます
きれい「な」	Beautiful, clean	
ゆうめい「な」	Famous	有名「な」
しんせつ「な」	Kind	
げんき「な」	Healthy, cheerful, sound	元気「な」
しずか「な」	Quiet	
にぎやか「な」	Lively	
ハンサム「な」	Handsome	
すき「な」	Like	好き「な」
きらい「な」	Hate	
じょうず	Good at	
へた	Bad at	
おおきい	Big	大きい
ちいさい	Small	小さい
あたらしい	New	新しい
ふるい	Old	古い
いい（よい）	Good	良い（よい）
あつい	Hot	暑い
さむい	Cold	寒い
つめたい	Cold (temperature)	

たかい	Expensive, tall	高い
やすい	Cheap	安い
おもしろい	Interesting	
おいしい	Delicious	
かっこいい	Cool	
むずかしい	Difficult	
やさしい	Easy	
ひろい	Wide	広い
くろい	Black	黒い
しろい	White	白い
ひらがな	Hiragana	平仮名
カタカナ	Katakana	
かんじ	Kanji	漢字
ローマじ	Romaji	ローマ字
くだもの	Fruits	果物
みかん	Orange	
りんご	Apple	
えいご	English	英語
～ご	Language	語
しょくどう	Dinner	
りょうり	Cooked food	料理
さくら	Cherry blossom	
はな	Flower	花
みせ	Shop	店
きょうしつ	Classroom	教室

かいぎしつ	Meeting room	
え	Picture	
コンピューター	Computer	
パソコン	Personal computer	
フィルム	Film	
カセット（テープ）	Cassette (Tape)	
エッフェルタワー	Eiffel tower	
ロシア	Russia	
メキシコ	Mexico	
（コーヒー）は いかが ですか。	Wont you have (a cup of coffee)	
しばらく ですね。	Long time no see	
どうぞ こちらへ。	This way, please.	

内容
（ないよう）

1. が particle

2. が conjunction

3. い - adjective and な - adjective.

4. そして

文型
（ぶんけい）

1. ひらがな が 分（わ）かりますか。

2. え が すき です。

3. しけんが むずかしい ですが、おもしろい です。

4. ハンサムな 人（ひと） です。そして たいへんな 人（ひと） です。

5. りょうりは とても おいしい です。

6. カリナさんは うたが 上手（じょうず） です。

7. 田中（たなか）さんが てんぷらを 食（た）べました。

文法

1) が：There are multiple uses of が particle, such as:

i) が particle indicating subject of the verb: Meaning it talks about who or what performs the action.

Example: 1. さくらさん が ジュース を 飲みます。(Sakura drinks juice.)

2. みつはさん が 車で 大学に 行きます。(Mitsuha goes to university by car.)

さくらさん and みつはさん are the ones performing action of drinking and going respectively. Therefore, they are marked by が particle.

が	は
It marks the subject (who/what) performing action.	It marks the topic of the sentence.

ii) が particle as a coordinator: One of the common usage of が particle is as 'but' which connects a positive meaning phrase and a negative meaning word in a one sentence related to い adjectives.

Example:- この レストランの りょうりは おいしい ですが 高い です。

(The food of this restaurant is delicious but expensive.)

iii) が particle for introduction: It works as an introduction before you bring out the actual question or fact or related information.

Example:- 1. もしもし 山田さん ですが, 田中さんは いますか。(Hello, this is Yamada, is tanaka there ?)

2. エッフェルタワーを 見ますが、大きい です。(I see Eiffel Tower, its big.)

iv) が particle with あります and います: When used with が particle, both あります and います are used to indicate that something exists in a particular location.

Example: 1. 家(いえ)に 人(ひと) が います。(There are people in the house.)

2. 家(いえ)に 本(ほん) が あります。(There is a book in the house.)

v) が particle with わかります：が particle is used with わかります when this verb does not involve any action (mostly, it doesn't).

Example: -漢字(かんじ) が 分(わ)かりません。(I don't understand kanji.)

vi) な- adjectives that take が particle: すき、きらい、じょうず、and へた。

i.e when describing facts such as: like and dislike, and good at and bad at.

- **な-adjective**: When you directly modify a noun using a な- adjective, you need to put な between the noun and the adjective, hence known as な- adjective.

Example: 1. きれいな 人(ひと) です。(Beautiful person）

- **い-adjective**：Adjective which end with い are categorised into い- adjective. Unlike な-adjective, you don't have to add anything when you directly modify a noun. However, there are a few な-adjective that also end with い, for example：きれい, ゆうめい, etc. You just need to memorise these exceptions.

- **そして to connect な-adjectives:** そして means "and", used with two な-adjective.

Example: リーさんは しんせつな 人(ひと) です。そして にぎやかな 人(ひと) です。

　　(Mr. Lee is a kind and lively person.)

例文

1. テニスが すき ですから 毎朝 します。

 。。。そうですね，すごいです。

2. グプタさん、コーヒーが いかがですか。

 。。。はい，いただきます。

3. あなたの ビルは どうですか。

 。。。ビルは 大きい ですが、高い です。

4. 漢字が 分かりますか。

 。。。いいえ，よく 分かりません。

5. あの 人は おかねが ありますか。

 。。。はい，たくさん あります。

6. マリアさん，町が どんな ですか。

 。。。町は にぎやかな です。そして 有名な 町 です。

7. カリナさん，しばらくですね。

 。。。はい，しけんから、とても いそがしいです。

8. 日本語の べんきょうは どうですか。

。。。はい、おもしろい ですが、むずかしい です。

9. イギリスは 今 さむい ですか。

。。。いいえ、とても あつい です。

10. どんな くだものが すき ですか。

。。。りんごと みかんが すき です。

練習

1. この かばんは 小さい です＿＿、ひろいです。

   1)が　2)に　3)そして　4)で

2. あなた＿＿ カメラ＿＿ ありますか。

   1)に/は　2)が/は　3)は/に　4)は/が

3. 私は ビール＿＿ あります。

   1)は　2)が　3)に　4)を

4. しずかな にわ です。＿＿ にぎやかな にわ です。

   1)から　2)が　3)や　4)そして

5. 本と 新聞と、＿＿が すき ですか。

1)どちら　2)こちら　3)あちら　4)だれ

読解：「グプタさん の はなし」

こんにちは,

私は インドじんの グプタ です。2年 前に 日本に 来ました。今 さくら 大学に べんきょうします。テニスが すき ですから 毎朝 6じに テニス を します。私の へやは 小さい です が、かっこいい です。駅 も 近い です。リーさんは 私の ともだち です。

リーさん は ハンサムな 人 です。そして しんせつな 人 です。日本で 食べ物は おいしい です が、高い です。私は 日本語 が 少し 分かります。

問題：(O) / (X)

1. グプタさんは スポツが すき ですから 毎朝 テニス を します（ ）

2. グプタさんの へやは 高い ですから 小さい です。（ ）

3. 日本語 が ぜんぜん 分かりません。（ ）

第9課

単語

ひきます （ギターを　ひきます）	Play	弾きます
うたいます （うた　を　うたいます）	Sing (Sing a song)	歌います
おんがく	Music	音楽
ダンス	Dance	
うた	Song	歌
クラシック	Classical music	
ジャズ	Jazz	
コンサート	Concert	
カラオケ	Karaoke	
かぶき	Kabuki (traditional Japanese musical drama)	歌舞伎
ギター	Guitar	
マイク	Mike	
ピアノ	Piano	
ドラム	Drum	
くだもの	Fruits	果物
バナナ	Banana	
スポーツ	Sports	
やきゅう	Baseball	野球
じ	Characters	字
じかん	Time	時間
ようじ	Errand, somethings to do	用事

（お）しごと	Work	仕事
せいかつ	Lifestyle	生活
やくそく	Promise	約束
はやく	Fast	早く
とても	Very	
よく	Well	良く
インタビュー	Interview	
せき	Seat	
せんもん	Speciality	
じぶん	Myself	自分

けっこ です。	That's nice.	
いいえ、けっこ です。	No, thank you.	
だめ です。	That's not good.	
だめ ですか	So you won't come?	
ざんねん です。	Unfortunate, too bad, regretful	
また こんど おねがいします	Please come again.	
おねがいします	Please	お願いします
すみません、が	Excuse me, but	
にほんの せいかつ に なりましたか。	Have you got used to the life in Japan?	
また いらっしゃって ください。	Please come again.	
しつれいします。	-Excuse my interrupting (when entering room).	
そろそろ しつれいします。	It's almost time to leave.	
どういたしまして	You are welcome.	
もんだい ありません	No problem/ That's not an issue.	

内容

1. WH questions.
2. WH+も
3. WH+か
4. WH+に
5. WH+と
6. WH+で
7. WH+の

文型

1. だれと さくら 大学に 行きますか。
2. どうして ビールを 飲みませんでしたか。
3. 何か 食べますか。
4. どうやって インドへ 行きますか。
5. あなたの 子どもは 何一さい ですか。
6. だれに 手紙を 書きましたか。
7. なんで 何も うたいませんか。

文法

1) なん and なに：What ?

Example：1．これは 何(なん) ですか。(What is this?)

2．あなたは 何(なに) を 食(た)べます。(What do you eat?)

2) だれ and どなた：Who?

だれ is a neutral word, whereas どなた is a polite word having same meaning.

Example：1．とけいは だれの ですか。(Whose watch is it?)

2．とけいは どなたの ですか。(Whose watch is it?)

3) どこ and どちら：Where?

どこ points to a particular location, while どちら points to a direction.

Example: 1．コンサートは どこ ですか。(Where is the concert?)

2．どちらに 行(い)きますか。(Which direction are you going?)

> *Note: どちら can also be written as どっち. In similar way, こちら, そちら, あちら can be written as こっち、そっち、あっち respectively. ～ちら group is more polite, while ～っち group is casual both having same meaning.

4) いつ：When?

Example: コンサートは いつ ですか。(When is the concert?)

5) どう：How?

Just like どうして, どう is also used to represent: how.

Example: この　えは　どう　書(か)きましたか。(How do you draw this picture?)

6) どうして：Why?

But it can also mean "how" depending on the context.

Example: 1. この　えは　どうして　書(か)きましたか。(How do you draw this picture?)

2. どうして　おんがくを　書(か)きました。(Why do you listen to music?)

7) なんで：Why?

It is also used with tools such as ナイフ, フォク, はし, etc to represent: By what

Example: 1. なんで　家(いえ)へ　かえりますか。(Why did you return home?).

8) なぜ：Why?

Example: 1. なぜ　大学(だいがく)に　行(い)きませんでしたか。(Why didn't you go to college?)

9) いくら：How much?

Example: 1. くろい　くつは　いくら　ですか。(How much is for black shoes?)

10) どれ：Which?

Used when referring to one particular item or things among multiple items or things.

Example:1. あなたの　かばんは　どれですか。(Which one is your bag?)

11) どんな：What?/What kind of?

It implies that you are free to give any answer you want.

Example:1. どんな　スポツが　すき　ですか。(What kind of sports do you like?)

12) どの：Which?

It suggests, you should/must choose from a certain set.

Example: 1.どの　スポツが　すき　ですか。(Which sports do you like?)

- **WH+か**:- when か is added with WH question, it resembles <u>some</u>～

なにか	Something
だれか	Someone
どこか	Somewhere
いつか	Someday

- **WH+も**:- when も is used with WH questions, it resembles <u>no</u>～. Always takes negative form

なにも	Nothing
どこも	Nowhere
だれも	No one

- **WH +に:**

どこに	Where
だれに	To whom

- **WH+と:**

だれと	With whom
なんと	With what

- **WH+で:**

なんで	By what/why
どこで	Where

- **WH+の:**

どこの	From where
だれの	Whose

- Others:

なんようび	What day
なんじ	What time
なんがつ	What month
なんーさい	What age
どうやって	By what means

例文

1. 日本の せいかつは どう ですか。

   。。。せいかつは ようい ですが、高い です。

2. 何で 肉を きりますか。

   。。。ナイフで きります。

3. だれに 電話を かけましたか。

   。。。しゅじんに かけました。

4. あなたの 家は どちら ですか。

   。。。そちら です。

5. なぜ 学校へ 行きませんか。

   。。。あたまが いたい ですから。

6. ミラーさんは どんな 人 ですか。

   。。。にぎやかな 人 です。そして 元気な 人 です。

7. どこで 食べ物と くだ物を 買いますか。

   。。。ABC スパで 買います。

8. きのう、7時から 5時まで はたらきました。

   。。。ざんねん ですね。

9. 今 いそがしですから、また こんど おねがいします。

   。。。はい、もんだい ありません。

10. この ギターは どこの ですか。

    。。。スペインの です。

練習

1. カラオケと コンサートと、どちら＿＿＿ すき ですか。

   1)が　2)に　3)か　4)で

2. クラッシック＿＿＿ すき です。

   1)に　2)も　3)か　4)で

3. ＿＿＿飲み物 を 飲みますか。

   1)どちら　2)こちら　3)どんな　4)あんな

4. あなたの 車は＿＿＿ ですか。

   1)どう　2)どれ　3)これ　4)なん

5. 私は＿＿＿ うた を うたいます。

   1)だれか　2)いつか　3)なにか　4)どこか

読解:「おんがく 学生の インタビュー」

学生:おはよう ございます、先生。私は ミラー です。

先生:おはよう ございます、せき を おねがいします。

学生:はい、ありがとう ございます。

先生:いつから うた を うたいますか。

学生:5さい から、おんがくが すきです。

先生:何か せんもんが ありますか。

学生:はい、私は よく ギター を ひきます。ピアノ も ひきます。

先生:いい ですね、ミラーさん。どの おんがくが いちばん すき ですか。

学生:クラシックと ジャズ が すきです。いつか じぶんの クラシックと ジャズ を うたいます。

先生:すごい ね！ がんばってください。

学生:ありがとう ございます、先生。

問題: **(O) / (X)**

(1) 今 がくせいは じぶんの うた を うたいます。（ ）

(2) 学生は ミラーさんの ともだち です。（ ）

第10課

単語

かかります	Take (referring to time and money)	
あそびます	Enjoy	遊びます
みがきます （は を みがきます）	Polish, brush (Brush your teeth).	
じしゅうします	Practical training	自習します
はなします	Speak	話します
つかいます	Use	使います
ふります （あめ が ふります）	Rainfall (It will rain).	降ります （雨が 降ります）
ひとつ	One (used when counting things).	一つ
ふたつ	Two	二つ
みっつ	Three	三つ
よっつ	Four	四つ
いつつ	Five	五つ
むっつ	Six	六つ
ななつ	Seven	七つ
やっつ	Eight	八つ
ここのつ	Nine	九つ
とお	Ten	十
いくつ	How many	
いくら	How much	
～だい	Counter for machines	～台
～まい	Counter for paper	～枚
～かい	Counter for times	～回

〜ぐらい	About~	
どのぐらい	How long	
〜じかん	~hour	〜時間
〜しゅうかん	~weeks	〜週間
〜かげつ	~months	〜か月
〜ねん	~year	〜年
ぜんぶで	In total	全部で
じぶんで	By myself	自分で
あめ	Rain	雨
かさ	Umbrella	傘
がいこく	Foreign country	外国
りょうがくせい	International student	両学生
チョコレート	Chocolate	
きって	Postage stamp	切手
はがき	Post card	
ふうとう	Envelope	封筒
そくたつ	Special delivery	速達
かきとめ	Registered mail	書留
ふなびん	Sea mail	船便
イアメール（こうくうびん）	Air mail	
カナダ	Canada	
オランダ	Netherland	
〜しか	Only~(used with negative sentences)	

～だけ	Only~(used with positive sentences)	
いらっしゃいません	Welcome/may I help you(a greeting to a customer/guest when entering a shop, etc)	
いい (お)てんきですね。	Nice weather, isn't it?	いい (お) 天気ですね。
おでかけですか。	Are you going out?	お出かけ　ですか。
いっていらっしゃい。	Go and come back.	行っていらっしゃい
いってまいります。	I'm going and come back.	行ってまいります
だから	So	
それから	and, furthermore	

内容
_{ないよう}

1. あります
2. ぐらい

文型
_{ぶんけい}

1. 毎日　4時間　ぐらい　べんきょうします。
2. 4つ　みかん　を　買います。
3. 私は　ねこ　だけ　います。
4. あなたの　国から　日本まで、どのぐらい　かかりますか。
5. カリナさんは　3回　はがき　しか　ありません。
6. パソコンが　2だい　あります。
7. 50円の　きってを　6まい　ください。

文法
ぶんぽう

(1) ~つ: Counter ~つ is used to count things, such as abstract things, number of orders things without a definite shape, 3D things, and substitute for other counter.

Example:1. ３つ　りんご　を　買います。(I will buy 3 apples.)
　　　　　　　　　　　　　　か

(2) ~だい: ~だい is a counter used to count machines, such as cars, TV, Computers, Electronic dictionary, etc.

Example:1. ２だい　コンピュータ　を　買います。(I will buy 2 computers.)
　　　　　　　　　　　　　　　　　　か

(3) ~まい: ~まい is a counter used to count papers, such as envelope, stamp, newspaper, letters, etc.

Example:1. １まい　きって　を　買います。(I will buy 1 postage stamp.)
　　　　　　　　　　　　　　か

(4) ~かい: かい is a counter used to count the frequency of occurrence of anything, such as 2 times, 3 times, etc.

Example:1. ２回　本　を　読みます。(I will read the book 1 time.)
　　　　　　かい　ほん　　よ

(5) ~だけ and ~しか: "~ONLY"

だけ + Positive (ます/ました) : It goes with the positive sentence.

しか + Negative (ません/ませんでした) :It goes with the negative sentence.

Both ~だけ and ~しか have a same meaning: **ONLY**. The only difference is:

~だけ: It is used for a general description of something/situation without any personal feeling being involved for the speaker i.e the feeling is neutral and no judgement is involved.

Example: 1. ミラーさんは　1かい　だけ　は　を　みがきます。(Miller brushes his teeth only 1 time.)

2. ここに　チョコレート　は　1つ　だけ　あります。(There is only one chocolate here.)

~しか: ~しか sentences focus on the speaker's feeling about the uniqueness of something or the situation. Normally, ~しか indicates the situation where the speaker feels that the amount/quality/quantity is not sufficient or too small, with negative perspective being involved.

Example:1. ミラーさんは　1回(かい)　しか　は　を　みがきます。(Miller brushes his teeth not more than 1 time.)

2. ここに　チョコレート　は　1つ　しか　あります。(There is nothing but only chocolate here.)

例文

1. マリアさん、毎日 何時間 あそびますか。

。。。毎日 2時間 しか あそびません。

2. あなたは 何回 ともだちと 日本語で 話ますか。

。。。ともだちと たくさん 話ます が、3-4回 日本語で 話ます。

3. みつはさん, さくら 大学で どのぐらい じしゅうしますか。

。。。2年 ぐらい じしゅうします。

4. シュミットさん, 1だい 車が ありますね。

。。。いいえ, 2だいよう。

5. いくつ たまご を 買いますか。

。。。ぜんぶで とお ください。

6. あなたの 国に 今 天気は どうですか。

。。。きのうは 雨が ふりましたから いい 天気 ですね。

7. 何時ぐらい まで お出かけですか。

。。。スパで 買い物に 行きますから 4時 ぐらいに お出かけです。

8. 4まい はがきと 3まい ふうとうは いくら かかりますか。
。。。１００円 です。

9. 日本から マキシコまで 花は エアメールで どのぐらい かかりますか。
。。。１０時間 ぐらい かかります。

10. あなたの かぞくは 何人 ですか。
。。。４人 です。

練習

1. いもうとは 一人____ います。
   1）ぐらい 2）しか 3）どのぐらい 4）だけ

2. テレビが ____ あります。
   1）４回 2）４まい 3）４だい 4）よっつ

3. りんごが ____ あります。
   1）４回 2）４まい 3）４だい 4）４つ

4. まいにち ____ べんきょうし。
   1）４回 2）４まい 3）４だい 4）４つ

5. ふうとうが ____ あります。
   1）４回 2）４まい 3）４だい 4）４つ

読解:「買いもの」

きのうは ひま でしたから、かぞくと いっしょに なかむか スーパーで 買いものに 行きました。いもうとは 4回 紙と 2回 きって を 買いました。お父さんは さくら大学で じっしゅうします から、コンピュータ を 買いました。お母さんは スプーンと フォークと はし を 買いました。

私は 本 しか 買いませんでした、ぜんぶで 60,000円 ぐらい かかります。きょうは ともだちに 行きました。いっしょうに ふく を 買いに行きました。

問題: (O) / (X)

1. お父さんは 3だい コンピュータ を 買いました。( )
2. ともだちも きのうは 買い物に 行きました。( )
3. 私は 本 だけ 買いました。( )

余分

- There is no plural form in Japanese. Plural words are usually either preceded with a number and a counter, or simply made understood through context.

    There are a few nouns which have plural forms, represented as "たち". When referring to a person, "たち" indicates company. For example, 私たち can mean "We".

部屋の言葉

	かんじ	Meaning
いえ	家	House
へや	部屋	Room
ベッドルーム		Bedroom
ダイニングルーム		Dinning room
いま	居間	Living room
リビングルーム		Living room
だいどころ	台所	Kitchen
だいどころようひん	台所用品	Kitchen utensils
しゃこ	車庫	Garage
とだな	戸棚	Cupboard
おてあらい	お手洗い	Toilet
かべ	壁紙	Wall
ベランダ		Balcony
かいだん	階段	Stairs
ゆか	浴衣	Floor
げんかん	玄関	Entrance
カーテン		Curtain
いす		Chair
かぐ	家具	Furniture
まど	窓口	Window
ドーア		Door
つくえ	机	Desk

第11課

単語

うります	Sell	売ります
とまります	Stop	止まります
すみます（にほんに　すみます）	Live (Live in Japan)	住みます
のぼります（ふじさんに　のぼります）	Climb (Climb fuji mountain)	
つかれます	Tired	疲れます
メモします	Make a memo	
はなし	Speak/tell	話
せいそ	First	
しゅみ	Hobby	
いつも	Always	
いけはな	Flower arrangement	池花
せかい	World	世界
お（まつり）	Festival	お（祭り）
あかるい	Bright/Spicy	明るい
くろい	Black	黒い
かるい	Light (weight)	軽い
おもい	Heavy	重い
あまい	Sweat	
からい	Bitter	
ちかい	Near	近い
とおい	Far	遠い
すくない	Less people	
おおい	Many people	多い
はやい	Fast, early	早い

おそい	Slow, late	遅い
あたたかい	Warm	
すずしい	Cold	
いい （コーヒー が～）	Prefer (Prefer coffee)	
きせつ	Season	季節
はる	Spring	春
なつ	Summer	夏
あき	Autum	秋
ふゆ	Winter	冬
ゆき	Snow, snowy	雪
くもり	Cloudy	曇り
うみ	Sea	海
てんき	Weather	天気
どちら	Which one (between two things)	
どちらも	both	
ずっと	Very, by far	
はじめて	For the first time	始めて
ホテル	Hotel	
パーティー	Party	
ただいま。	I'm home.	ただ今
おかえりなさい。	Welcome home.	お帰りなさい
でも	But	
つかれました。	I'm tired.	疲れました

内容

1. たい form and ほしい です

2. より

3. ながら

文型

1. (お)さけが 飲みたいです。

2. 今 あつい てんぷらが ほしい です。

3. 休みに こうべ へ 行きたくない です。

4. テレビを みながら べんきょうしません。

5. 山田さんは 田中さん より にぎやか です。

6. 私は とうきょうに すみたい です。

7. 新しい じてんしゃが ほしい です。

文法

1) たい form & ほしい です:

たい form	ほしい です
1. When you desire or want to do something (verb-action), the expression verbs stem of ます＋たい is used. Example: 飲みます ＝ 飲みたい 　　　　　(I want to drink).	1. When you desire or want something (noun), the expression ほしい です is used.
2. を particle is replaced by が particle. Since the formation does not describe any action being done/performed, other particles such as へ, に, で, remain same.	2. The things you desire is marked with the が particle (remember this rule). Here noun can be:- a. thing 　　　　b. time 　　　　c. people
3. たい form is only used for 1st person. Example: -本が　読みたい　です。 　　　　　(I want to read the book).	3. ほしい is only used for 1st person. Example: - 本が　ほしい　です。 　　　　　(I want the book).

たいFormation:

Present Affirmation: たい です-want to.

Present Negative: たくない です-don't want to.

Past Affirmative: たかった です-wanted to.

Past Negative: たくなかった です-Didn't want to.

---

*Note : - As discussed earlier,

たい and ほしい are only used for 1st person, but it's okay to use it while asking someone what he/she wants to do.

2) より: It's a particle which relates to "than" in English. When comparing some characteristics of a thing against another, より used to indicate "compared to".

Example: １．オーストラリアは　インド　より　小さい　です。

(Australia is smaller than India)

２．この　本は　その　本　より　安い　です。

(This book is cheaper as compared to that book)

3) ながら: It means "while". It is used to show two simultaneous actions.

A ながら B [to do B while doing A]

Formation : Verb stem + ながら

Example: 話　を　聞きながら　メモします。(Make a note while listening to the story)

例文

1. 今 何が いちばん ほしい ですが。

   。。。私は いつも とても いそがしい ですから 時間が ほしいです。

2. 何か 食べませんか。

   。。。そうですね。何 を 食べたいですか。

   。。。すしと キムチ たべたいです。

3. 明日、きょうとへ 行きますか。

   。。。いいえ，行きません。 つかれましたから どこも 行きたくないです。

4. いつか ふじさんに のぼりたいです。

   。。。すごいね！がんばって ください。

5. 田中さん、この 本 を かしますか。

   。。。なぜ。

   。。。私の おとうとが 読みたいです。

6. フランスの くつは イタリヤ より 安い ですから うりたくない。

7. べんきょうしながら 電話 を つかわないで ください。

8. ただいま！

   。。。食べものが 食べたいです。

   。。。おかえりなさい。はい、どうぞ。

9. きのう、でんし じしょ を 買いました。

   。。。私も でんし じしょが ほしい です。

10. 私は 店に きって まえります。

    。。。はい, いって いらしゃい。

練習

問題1：

Verbs	Want	Don't want
ねます	ねたい	ねたくない
たのします		
します		
およぎます		
とめます		
つかれます		

問題2:

1. 日本 ＿ すみたい です。

   1）が 2）に 3）を 4）は

2. エベレスト ＿ のぼりたいです。

   1）が 2）に 3）を 4）は

3. 新しい コンピューター ＿ ほしい です。

   1）が 2）に 3）を 4）は

4. マリアさんは カリナさん ＿ しんせつ です。

   1）たくさん 2）すこし 3）より 4）ちいさい

5. いそがしい ですから どこも 行き ＿ です。

   1）ながら 2）たい 3）たくない 4）ました

6. テレビを 見＿ ともだちと 話ます。

   1）ながら 2）たい 3）たくない 4）ました

読解:「田中さんの しゅみ」

しゅみが たくさん ありますが、いちばんの しゅみは りょうり です。

子どもの ときから りょうり を します。私の さいしょの りょうりは おにぎり でした。それから、りょうりは おもしろい です。

毎日 いろいろな 食べ物と 飲み物 を つくります。父は 私が つくりました りょうりが だいすきです。私は インド りょうりが とても すきです。いつか りょうり 学校に 行きたい です。

みなさん、あなたの しゅみは どうですか。

問題1:(O) / (X)

1. 田中さんの しゅみは ダンスと りょうり です。（ ）

2. 学校の ときから りょうり を つくります。（ ）

3. インドの りょうりは へた です。（ ）

4. りょうり 学校に 行きたいです。（ ）

問題2:

あなたの しゅみに ついて 書いて ください。 (Please write about your hobby.)

第12課

い-Adjective:

あかるい	Bright/Spicy	明るい
くろい	Black	黒い
かるい	Light (weight)	軽い
おもい	Heavy	重い
あまい	Sweat	甘い
からい	Hot, spicy	辛い
ちかい	Near	近い
とおい	Far	遠い
すくない	Less people	少ないので
おおい	Many people	多い
はやい	Fast, early	早い
おそい	Slow, late	遅い
あたたかい	Warm	暖かい
すずしい	Cold	涼しい
いい （コーヒー　が〜）	Prefer (Prefer coffee)	
あおい	Blue	青い
あかい	Red	赤い
きいろい	Yellow	黄色い
しろい	White	白い
あつい	Hot	暑い
あつい	Thick	
あぶない	Dangerous	危ない
いそがしい	Busy	忙しい
いたい	Pain	痛い
うすい	Thin	
おいしい	Delicious	美味しい
まずい	Bad taste	

かわいい	Cute	
きたない	Dirty	
せまい	Narrow	
ひろい	Wide	広い
たかい	Expensive, tall	高い
やすい	Cheap	安い
あたらしい	New	新しい
ふるい	Old	古い
おおきい	Big	大きい
ちいさい	Small	小さい
おもしろい	Interesting	
たのしい	Enjoyable	
つまらない	Boring	
さむい	Cold	寒い
つめたい	Cold (Temperature)	
つよい	Strong	強い
よわい	Weak	弱い
ねむい	Sleep	眠い
ながい	Long	長い
みじかい	Short	短い
ひくい	Low	低い
ふとい	Fat	太い
ほそい	Thin	細い
まるい	Round	
やさしい	Gentle	
わかい	Younge	

な－Adjectives：

すき	Like	好き
けっこう	Wonderful	結構
ゆうめい	Famous	有名
きれい	Beautiful, clean	
ていねい	Polite	丁寧
きらい	Hate, to not like	嫌い
しずか	Quiet	静か
ひま	Free (time)	暇
にぎやか	Lively	賑やか
べんり	Convenient, useful	便利
げんき	Healthy	元気
いろいろ	Various	色々
だいじょうぶ	Fine, OK	大丈夫
じょうぶ	Healthy, robust	丈夫
たいへん	Terrible	大変
らく	Easy, comfortable	楽
いや	Unpleasant	
たいせつ	Important	大切
じょうず	Good at	上手
へた	Bad at	下手
いっしょうけんめい	With one's full effort/ capability	一生懸命
きけん	Dangerous	危険
ざんねん	regrettable	
しんぱい	Worry	心配
じゆう	Free, unrestrained	
じゅうぶん	Enough, sufficient	十分
だいすき	Passionate	大好き
てきとう	Suitable, proper	適当

とくべつ	Special	特別
ねっしん	Enthusiastic, eager	熱心
ひつよう	Necessary	必要
まじめ	Serious	
まっすぐ	Straight	真直ぐ
むり	Unreasonable, difficult	無理
りっぱ	Splendid, excellent, fine	立派

内容

1. All the form of な- adjective

2. All the form of い- adjective

3. くて & で

文型

1. きのうは 雨が ふりましたから さむかった です。

2. とうきょうは 人が 大くて にぎやか です。

3. タイじんで MTC 会社の けんしゅせい です。

4. この へやは きれい じゃ ありません。

5. 食べものは おいしくなかった です。

6. とうきょうは きょうと より 高くて おいしい です。

7. みつはさんは しずかで しんせつ です。

文法

1) い-adjective:

(1) Positive Present: - きょうは　さむい　です。(Today is cold.)

(2) Negative Present: - Remove い and add くない。

　　　Example: - きょうは　さむくない　です。(It's not cold today.)

(3) Positive Past: - Remove い and add かった。

　　　Example:- きのうは　さむかった　です。(Yesterday was cold.)

(4) Negative Past: - Remove い and add くなかった。

　　　Example:- きのうは　さむくなかった　です。(It was not cold yesterday.)

> *Note
> です never takes でした in any form of い-adjective.

2) な-adjective:

(1) Positive Present: - 明日は　ひま　です。(I'm free tomorrow.)

(2) Negative Present: - 明日は　ひま　でわ　ありません。(I'm not free tomorrow.)

(3) Positive Past: - きのうは　ひまでした。(I was free yesterday.)

(4) Negative Past: - きのうは　ひま　でわ　ありませんでした。(I was not free yesterday.)

> *Note
> でわ　ありません ＝じゃありません

3) Uses of くて & で with な and い-adjectives :

(i) で: Used as a connector for な and い-adjectives.

When joining 2 な-adjectives OR 1 な-adjective and then い-adjective, で is used as a connector.

*Formation of the sentence using 2 な-adjective.

1st な-adj + で + 2nd な-adj

Example: 1. この 町(まち)は しずかで にぎやか です。(The town is quiet and lively.)

*Formation of the sentence using 1st な-adjective and 2nd い-adjective.

1st な-adj + で + 2nd い-adj

Example: - この 町(まち)は しずかで あつい です。(This town is quiet and hot.)

When using で as a connector な-adjective is used first.

(ii) で : When describing about someone's quality or necessary information, で connector is used.

Example: 1. きょうしつで よつはさんが いちばん わかい です。

(Yotsuha is the youngest in the classroom)

(iii) くて: When joining 2 い-adjectives OR 1 い-adjectives and then な-adjective, くて is used as a connector.

*Formation of the sentence using 2 い-adjectives.

1st い adj + くて + 2nd い adj

Example: - この はこは、おもくて ひろい です。(This box is heavy and wide.)

*Formation of the sentence using 1st い-adjective and 2nd な-adjective.

1st い-adj + くて + 2nd な-adj

Example: 1. この 人(ひと)は すずしくて きれい です. (This person is cool and beautiful.)

> *Note
> Always remove い from い adjective before adding くて to it.

> RULE: When connecting 2 adjective:
> The 2 connected adjective must not be of contradictory i.e. when 1st adjective describes about good thing, the other adjective must not describe about bad thing.
> ~~この ひとは、わるくて にぎやか です。~~
> ~~(This person is bad and lively.)~~
>
> [い adjective takes が particle as a connector for good and bad.
> Refer chapter 8 (ぶんぽう－２)]

例文

1. この 家は くらくて せまい です。

2. りょこうは たのしかった ですか。
   。。。はい, さむかった ですから おもしろかった です。

3. スポーツの 中で なに が いちばん すき ですか。
   。。。やきゅうが いちばん すき です。

4. 父は どう ですか。
   。。。父は かっこいくて にぎやか です。

5. インドは 日本 より あつい ですか。
   。。。はい, ずっと あつい です。

6. おとといは ひま では ありませんでしたから 買い物に行きませんでした。

7. リーさんは ミラーさん より わかくて 高い です。

8. あなたの 町で 天気は よかった ですか。
   。。。いいえ, あつかったですから、あまり よくなかった です。

9. あの　レストランは　どう　ですか。

　。。。おいしくて　安い　です。

10. 明日は　休みですから　ともだちに　会ます。

練習

Present positive	Present negative	Past positive	Past negative
あつい　です	あつくない	あつかった	あつくなかった
にぎやか	にぎやが　では　ありません	にぎやが　でした	にぎやが　では　ありません　でした
いたいです			
かるいです			
きれい			
ゆうめい			
せまいです			
ほしいです			
ハンサム			
きらい			

問題 1：

1. きのうは_____　です。

　　1）さむい　2）さむくない　3）さむかった　4）さむではありません

2. 明日は_____　です。

　　1）さむい　2）さむじゃない　3）さむかった　4）さむではありません

3. ともだち＿＿＿＿ だれ＿＿＿＿ いちばん 高い ですか。

   1）が/で 2）で/が 3）は/で 4）で/に

4. けさの しけんは あまり＿＿＿＿です。

   1）むずかしい 2）むずかしかった 3）むずかしくなかった
   4）むずかし ではありませんでした

5. 私は いろいろ＿＿＿＿ りょうりが すき です。

   1）な 2）が 3）は 4）に

読解:「エベレストの はなし」

先週 私は エベレストへ （れい: 行きます。。。行きました）。

エベレストは せかいで いちばん 高い 山 です。

8,849m（メートル）です。とても （おもしろい。。。＿＿＿＿） です。

人たちが たいへん （多い。。。＿＿＿＿） です。

天気も （いい。。。＿＿＿＿） ですから，とても （きれい。。。＿＿＿＿）
でした。ぜんぜん （あつくない。。。＿＿＿＿） です。

雨も （ふります。。。＿＿＿＿）。ちょっと つかれましたが，とても
（たのしい。。。＿＿＿＿） です。

余分: い and な adjective formation :
(よぶん)

Present Positive	Present Negative	Past Positive	Past Negative
ねっしん	ねっしん では ありません	ねっしん でした	ねっしん では ありませんでした
むり	むり では ありません	むり でした	むり では ありませんでした
あまい	あまくない	あまかった	あまくなかった
きたない	きたなくない	きたなかった	きたくなかった
すずしい	すずしくない	すずしかった	すずしくなかった

第13課

単語

およぎます	Swim	泳ぎます
けっこんします	Marry	結婚します
しょくじします	Have a meal	食事します
こまります	Be in a trouble	困ります
むかえます	Go to meet, welcome	迎えます
だします	Send	出します
でます	Go out	出ます
はじまります	First	始まります
はいります	Run	入ります
かいものします	Shopping	買い物します
べつべつに	Separately	別別に
けいざい	Economy	経済
びじゅつ	Fine arts	美術
つり	Fishing	釣り
スキー	Skiing	
プール	Pool	
しやくしょ	Municipal office	市役所
とうろく	Registration	登録
さびしい	Alone	寂しい
ひろい	Wide	広い
せまい	Narrow	狭い
ひきだし	Drawer	引き出し
たな	Shelf	棚
〜だんめ	the -th shelf	
いす	Chair	椅子

つくえ	Desk	机
		〜段目
うえ	On, above, over	上
した	Under, below, beneath	下
まえ	Front, before	前
うしろ	Back, behind	後ろ
みぎ	Right (side)	右
ひだり	Left (side)	左
なか	Inside	中
そと	Outside	外
となり	Next to	隣
ちかく	Near	近く
そば	Close, beside	
あいだ	In between	間
きつき	Kitsuki	
きつきじょう	Kitsuki castle	
すや の さか	Suyanosaka slope in Kitsuki (vinegar shop's slope).	
おなか が すきました。	(I'm) hungry.	
おなか が いっぱいです。	(I'm) full.	
のど が かわきました。	(I'm) thirsty.	
そう しましょう。	Let's do that.	
おまちください	please wait.	お待ち下さい

内容

1. Prepositions
2. より & ほうが
3. や
4. に来ます/ に行きます/ にかえります

文型

1. ねこが つくえの 中に います。
2. 明日、りょうしんと 買いに行きます。
3. 毎日 魚や たまご を 食べます。
4. びょういんの となりに ぎんこう が あります。
5. 先月 より 今日の 天気 ほうが さむいです。
6. 先週は きょうとへ じしゅうにきました。

文法

1) Prepositions - Something in/on something:

Formation: A の B に

Example: 1. 本が ひきだしの 下に あります。 (The book is inside the drawer.)
2. 田中さんが へやに います。 (Tanaka is inside the room.)

Vocabulary that follow:
上、
下、
前、
後ろ、etc.

2) ～ほうが：It is used to comparing 2 things (nouns) and

Formation: Noun 1 ＋より＋ Noun 2 ＋ほうが..

Example: 1. ねこ より 犬の ほうが すき です。 (I like dogs more than cats.)
2. 電車の ほうが いいです。 (Train is better.)

Note: When comparing 2 nouns, attach の with ほうが. For verbs, don't use の.

3) や：This is a connecting particle which means 'and' in English. It is used to link multiple things/items implying that there are more items that could be included in the list.

Example:- 1. スパで とけい や くつ を 買いました。(I bought a watch and shoes from the supermarket.)

Note: Particle や is very similar to the particle と which also means 'and'. The only difference is that と only lists actual items, while や indicates that the list items are not complete.

Here, list items=intended items

4) に来ます/ に行きます/ にかえります:

に来(き)ます - To come

に行(い)きます - To go

にかえります - To return

Formation: Replace ます of the first verb with に particle, and then add 来(き)ます/ 行(い)きます/ かえります.

Example:- 1. 母(はは)と 父(ちち)は レストランで 食(た)べにい行きます。(Mother and father go to the restaurant to eat.)

例文

1. お母さん、おなかが すきました。

   。。。じゃ 食べもの が テーブルの 上に あります。

2. ふねと ひこうきと、どちらが いい ですか。

   。。。ふねの ほうが いい です。でも、ひこうき が 早い です。

3. だいところに 何 が ありますか。

   。。。いろいろな ものが あります。つくえや いすが あります。

4. 図書館は どこに ありますか。

   。。。ぎんこうと びじゅつかんの 間に あります。

5. ひるごはんに 何 を 食べますか。

   。。。魚や やさいや てんぷら を 食べます。

6. ぎんじゃへ 何 を しに行きます。

   。。。ともだち を むかえに行きます。

7. 毎朝 どこで はいりますか。

   。。。へやの となりに にわ です。ここで はいります。

8．いつも およぎますか。

　。。。いいえ、日曜日に 大学の 近くに プールで およぐに 行きます。

9．あなたは どくしん ですか。

　。。。いいえ、去年 けっこんしました。

10．赤いと あおい より どちらが すき ですか。

　。。。あおいの ほうが すきです。

練習

1．えんぴつ ___ けしごみ ___ 買いました。
1)や/を　2)や/か　3)と/が　4)や/に

2．学校の 後ろ ___ びょういん ___ あります。
1)か/に　2)が/で　3)に/が　4)で/が

3．いしょうに (お)さけ を 飲み___ 行きます。
1)へ　2)が　3)に　4)を

4．日本へ ___ べんきょうに 来ましたか。
1)なんか　2)なにを　3)なんの　4)なんを

5．本や と レストラン＿＿ 間 ＿＿ こうえん が あります。

1)に/の　2)の/に　3)の/が　4)の/で

読解：「有名な 町：きつき」

先月 ともだちと きつきへ あそびに行きました。とても きれいで しずかな 町 でした。きつき 町に すやのさか が 有名です。それも 見ました。天気は くもり でした。

すやのさかの 上に きれいな しゃしん を とりました。きつきじょうの となりの ホテルに いろいろな 食べ物 を 食べました。ともだちは てんぷらや ぎゅう肉 を 食べました。たくさん 食べましたから、おなか が いっぱいでした。

一日中 たのしいかったです。

問題１：(O) / (X)

1. かぞくと ともだちと きつきへ 行きました。(　)
2. 天気が くもり でしたから、雨が ふりました。(　)
3. すやのさか を 見ました。(　)
4. きつきで しゃしんも とりました。(　)
5. すやのさか が きれい です。(　)

余分

- When we use お before verb, then simply remove ます from the verb. It is use to being more polite.

    Example: お待ち ください

- 服(ふく)の言葉(ことば):

Words	かんじ	Meaning
シャツ	—	Shirt
セーター	—	Sweater
ズボン	—	Pants
パンツ	—	Pants/Underwear
スカート	—	Skirt
ジーンズ	—	Jeans
したぎ	下着	Under wear
うわぎ	上着	Outer wear
くつした	靴下	Socks
ジャケット	—	Jacket
ぼうし	帽子	Cap
コート	—	Coat
スカーフ	—	Scarf
サイズ	—	Size
ながさ	長崎	Length

第14課

単語

でます	Go out	出ます
だします (てがみ を だします)	Send Send (a letter)	出します
つかいます	Use	使います
こまります	In trouble	困ります
わすれます	Forget	
ちがいます	Different	
つけます	Turn on	付けます
けします	Turn off	
あけます	Open	開けます
しめます	Close, shut	閉めます
まちます	Wait	待ちます
もちます	Hold	持ちます
たちます	Stand	立ちます
はじめます	Begin	始めます
つとめます		
みせます	Show	見せます
とめます	Stop	止めます
いそぎます	Busy	急ぎます
てつだいます	To help	手伝います
おしえます (じゅうしょ を おしえます)	Tell (Tell an address)	教えます
かぶります (ぼうし を かぶります)	Wear (Wear a cap)	
かけます (めがね を かけます)	Wear (Wear glasses)	
コピーします	To copy	
イアコン	Air conditioner	

はいざら	Ashtray	
しつもん	Question	質問
パスポート	Passport	
おつり	Change (money change)	
なまえ	Name	名前
じゅうしょ	Address	住所
ちず	Map	地図
ゆうくり	Slowly, leisurely	
すぐ	Immediately	
あとで	Later	
また	Again	
もう すこし	A little more	もう少し
これで おねがいします	I'd like to pay with this	
き を つけます	Take care	気 を 付けます

内容

1. て form and its uses

文型

1. あおい ペンで しけん を 書いて ください。

2. こうえんで さんぽして います。

3. さむい ですから、イアコン を けしても いい ですか。

4. 毎朝 おきて、はして、あさごはん を つくって います。

5. 大学 を 終わってから、いっしょうに 食べませんか。

6. まいばん こいびとに 電話 を かけて います。

文法

1) Groups of verbs: Japanese verbs are divided into 3 groups and based on these groups, various verb formations take place.

(i) <u>Group 1</u>: This group contains all the verbs ending with い (~iます):

Verbs ending with~	Example	Meaning
～きます	かきます	Write
～ぎます	いそぎます	Busy
～します	かします	Land
～にます	しにます	Die
～びます	よびます	Call, invite
～みます	のみます	Drink
～います	つかいます	Use
～ちます	まちます	Wait
～ります	とります	Take

(ii) <u>Group 2</u>:

Any verb ending with え (～eます) sound comes under group 2 (<u>with some exceptions</u>).

<u>Example</u>: しめます

　　　　たべます、etc

<u>Exceptions</u>: There are in total 7 exceptions in group 2 (N5) which does not follow the standard format. Kindly, remember all these verbs.

Exceptional Verbs	Meaning
あびます	Take (a shower)
おきます	Wake up
います	Be (for living things), stay
おります	Get off
かります	Borrow
きます	Wear, put on
みます	See, look, watch
できます	Can

(iii) Group 3: The verbs under group 3 are considered to be irregular verbs. There are only 2 irregular verbs: きます(COME) and します (DO, PLAY). The verb します is by far the most used verb in Japanese.

It is combined with many nouns to convert them into verb.

Example:

べんきょうします

かいものします

2) て Form: It is one of the important Japanese verb forms which has many unique uses, such as:

1. Present progressive tense
2. Asking for permission
3. Requesting for something
4. To indicate 'after doing'

1. て Form: Present progressive tense (〜て います) : One of the uses of て Form is that it can be used as Present continuous tense (Present progressive tense) showing that a present action is currently in progress just as described in English.

*Formation：

Group 1 ~iます 9 Pattern	Group 2 ~eます	Group 3 Irregular verbs :
(1)～きます　—　～いて 　　かきます　—　かいて 　　**いきます**　—　**いって*** (2)～ぎます　—　～いで 　　いそぎます　—　いそいで (3)～します　—　～して 　　かします　—　かして (4)～にます　—　～んで 　　しにます　—　しんで (5)～びます　—　～んで 　　よびます　—　よんで (6)～みます　—　～んで 　　のみます　—　のんで (7)～います　—　って 　　つかいます　—　つかって (8)～ちます　—　って 　　まちます　—　まって (9)～ります　—　って 　　とります　—　とって	Example: しめます　—　しめて たべます　—　たべて Exceptions: (1)あびます　—　あびて (2)おきます　—　おきて (3)います　—　いて (4)おります　—　おりて (5)かります　—　かりて (6)きます　—　きて (7)みます　—　みて (8)できます　—　できて	2 Verbs: きます　—　きて します　—　して

Example:1. 魚を 食べて います。(I am eating a fish)
2. 今 こうべ へ 行って います。(Now, I am going to Kobe)

> **Note:**
> -When talking about present progressive tense, the て Formed verb is used with います to complete the sentence.
> - * is exception.

2. て Form: When asking for permission（〜ても いい ですか）:

(〜て) も いい ですか is used as a phrase asking for permission indicating =

is it ok if I ~

Example:- 1.この ペン を つかっても いい ですか。(Is it ok if I use this pen.)

3. て Form: When requesting（〜て ください）:

ください means 'PLEASE' in English. (〜て) ください is another て form which is one of the most widely applies in Japanese when requesting about something.

Example:- 1.名前 を 買いて ください。(Please write your name.)

4. て Form: To say 'after doing ~'（〜てから）:

When から is attached to the て form verb, it becomes similar to 'after doing' (verb).

Example: -1.テニス を 終わってから 飲みに行きます。(I am going to drink after playing Tennis.)

*Summary: Group 1 formation:

で
し - して
に/び/み - んで

例文

1. リーさん、かないに 手紙 を 出しましたか。

    。。。いいえ、今 出して います。

2. ここで 車 を 止めても いいですか。

    。。。はい、止めて ください。

3. ずっと はれから、めがね を かけて ください。

4. すみませんが、ちょっと はいざら を とって ください。

    。。。はい、どうも。

5. 名前 を 書いて、質問 を 読んで しけん を はじめます。

6. この はこは おもい ですから てつだって ください。

7. すごい ほし ですね、かぶっても いいですか。

    。。。はい どうぞ。

8. 雨が ふって いますね、タクシー を よびますか。

    。。。はい、よんで ください。

9．みなさん、き を つけて ください。

。。。エレベーターが こまりましたから かいだん を つかって ください。

10．ラオさん、ぜんぶで ５００円 です。

。。。はい、これで おねがいします。

練習

問題1：

Verb	て form	Group number
いきます		
ききます		
おります		
ねます		
しにます		
まちます		
よびます		
よみます		
かします		
きます		
します		
しゅうりします		
はなします		

問題2

1. すみません。 この かばん を＿＿＿＿ ください。

   1）みせます　2）みせて　3）みせましょう　4）みせました

2. 今 大学の ともだちと＿＿＿＿ います。

   1）話ます　2）話て　3）話ましょう　4）話ました

3. 日本語で＿＿＿＿も いいですか。

   1）読みます　2）読みました　3）読んで　4）読みましょう

4. 漢字＿＿＿＿ 分かってから よく 書きます。

   1）が　2）は　3）に　4）で

5. は を みがいで 飲みもの を 飲んで 学校へ＿＿＿＿。

   1）行って　2）行きません　3）行きくない　4）行きました

読解: 「明日の しけん」

みなさん，明日 8時 までに 大学に 来て ください。しけんは 9時に はじめます。はじめに 問題 を 読んで ください。かいとう ようしに 名前 を 書いて ください。これから、ペンで こたえ を 書いて ください。くろい ペンも いいです。しけん を 終わりましたから、先生に かいとう ようし を あげて ください。しけんは 12時に 終わります。

がんばって ください。

問題2：(O) / (X)

1. しけんは 8時に はじめます。（ ）

2. しけんは くろい ペン だけ 書きます。（ ）

3. こたえの 紙に あなたの 名前 を 書きます。（ ）

4. しけんは 3時間 まで です。（ ）

5. 日本語の しけん です。（ ）

第15課

単語

はらいます	Pay	払います
ぬぎます	Undress	
なくします	Lose	
おぼえます	Remember	覚えます
もちます	Hold	持ちます
たちます	Stand up	立ちます
はいります	Enter	入ります
わたります	Cross	渡ります
つとめます	Work for	
おきます	Put	
しります	Know	知ります
けんきょうします	Do research	
いらしゃいます	Be (honorific equivalent) of	
おもいだします	Remember, recollect	
さわります	Touch	
まちがいます	Make a mistake	
だいじょうび	All right	
だいすき	Like	
きけん	Danger	
はいしゃ	Dentist	
とこや	Barber	
(ご)かぞく	Your family	ご家族
せいひん	Products	
しりょう	Materials, data	
カタログ	Catalogue	

ソフト	Software	
とくに	Especially	特に
こうこう	Senior high school	高校

内容

1. ない form (Negative form) and its uses :

    - なければ ならない/ なくては いけない/ ないと いけません

    - なくても いいです/ ないでください

文型

1. 車を 止めないで ください。

2. おちゃに さとう を 入れない。

3. レポートは 出さなくても いいです。

4. 山田さん、来週 ほっかいどうへ しょっちょうしなければ なりません。

5. くつ を ぬがないと いけません。

6. 今 きけん ですから、こうじょうに はいらないで ください。

文法

1) ない Form: ない form is a plain form (present negative) to express "not". While 〜ません is a more polite version of saying NO, ない form is a casual, informal form to say no.

*Formation

(i) Group 1: - [か ← き　く　け　こ]

　　　　　　[わ ← い　う　え　お]

かきます	かかない
あいます	あわない
たちます	たたない
よみます	よまない
しにます	しなない
かします	かさない
よびます	よばない
あります	ない＊

＊ ⟶ exceptions.

(ii) Group 2: Remove ます and add ない。 [Stem of verb doesn't change.]

たべます	たべない
おります	おりない
おきます	おきない

(iii) Group 3: Remove ます and add ない。

きます	こない
します	しない
べんきょうします	べんきょうしない

2) Application of ない form :

(i) ない form to indicate must/ have to

There are 3 ways to indicate have to/ must, using ない form in Japanese.

a. 〜なければなりません (have to)

b. 〜ないと　いけない (have to)

c. 〜なくては　いけない (have to)

The above phrases take ない form as explained earlier.

Examples: -

i. この　本（ほん）は　読（よ）まなければ　なりません。(You must/ have to read book.)

ii. 明日（あした）は　6時（じ）に　おきないと　いけない。(I must/ have to get up at 6 am tomorrow.)

iii. 毎日（まいにち）　べんきょうしなくては　いけない。(I must/ have to study every day.)

(ii) ない form to indicate must not do/ don't have to do :

It is represented by 〜なくても　いいです。

Examples: -

i. この　本（ほん）は　読（よ）まなくても　いいです。(You don't have to read this book)

ii. 明日（あした）は　6時（じ）に　おきなくても　いいです。(You don't have to wake up at 6 tomorrow)

iii. 毎日（まいにち）　べんきょうしなくても　いいです。(You don't have to study every day) (iii)ない form to indicate "please don't do"

〜ないで ください is used to represent 'please do not'.

Verb ない + でください

Example:

(i)ここで すわらないで ください。(Please don't sit here)

例文

1. この 人は えいごが 分からないから、日本語で 話さなくては いけない。

2. じゅうしょ を 書かなくても いいですか。
   。。。はい だいじょうぶ です。

3. 外は とても さむい ですね。
   。。。そうですか。まど を 開けないで ください。

4. しけんの じこくひょう を しなければなりません。
   。。。はい, き を つけます。

5. 今 とうきょうで ひこうきましたから, 町に すまなくても いい です。

6. 何時 までに センターへ いかなければ ならないか。
   。。。5時 までに いかなければ ならない。

7. 日本語 の ことば を 思いださないと いけません。

8. ここで しゃしん を とっても いいですか。
   。。。いいえ, とらないで ください。

9. あぶない ですから、この きかいに さわらないで ください。

。。。はい、分(わ)かりました。

10. この しりょうと 本(ほん) の せいひん を つかわないで ください。

練習(れんしゅう)

問題(もんだい)1:

Verb	ない Form
いきます	
ぬぎます	
だします	
おもいだします	
けっこんします	
かります	
します	

問題(もんだい)2:

1. どようびの ごご_____ くても いいです。

    1) べんきょうしな 2) べんきょうさ 3) べんきょうして 4) べんきょう

2. くつ を_____ なければ なりません。

    1) ぬぎ 2) ぬが 3) ぬいで 4) ぬぎで

3. ここで_____ で ください。

1）立たない　2）立　3）立って　4）立つ

4. おなかが いぱいでしたから ぜんぜん＿＿＿＿＿＿＿。

　　1）食べます　2）食べません　3）食べでした　4）食べませんでした

5. この 本 を＿＿＿＿＿＿＿も いいですか。

　　1）読みます　2）読んで　3）読んて　4）読まない

読解: 「手紙」

しずかさん, (お)元気 ですか。私は だいじょうぶ です。あなたの えいごの べんきょうは どう ですか。えいごが かんたんな 語 です。

しけんで ぶんぽうじょうの まちがい を しないで ください。毎日 3-4 時間 べんきょうしなければ なりません。ことばも いつも れんしゅします。スペリの まちがいに き を つけます。

えいごで 話かた を ならなければ ならない。私も 日本語 を べんきょうします。

来年 しけんが あります。

問題1 :(O) / (X)

1. ミラーさんは 今 日本語 を べんきょうします。( )

2. しずかさんの えいごの しけんは 来年 です。( )

3. ミラーさん 毎日 3-4 時間 べんきょうします。( )

4. えいごの しけんは むずかしい ですから、ぶんぽう を まちがいます。( )

第16課

単語

のります (でんしゃに〜)	Get on, ride (a train)	乗ります 電車に〜
おります (でんしゃを〜)	Get off (a train)	降ります 電車を〜
のりかえます	Change (trains, etc)	乗り換えます
いれます	Put in, insert	入れます
いります	Need, required	
でます (だいがくを〜)	Graduate (from the university)	出ます
やめます (かいしゃを〜)	Quit, or retire from (a company), stop, give up	止めます
おします (ボタンを〜)	Push (a button)	押します
せがたかい	Tall (referring to a person)	背が　高い
あたまがたかい	Clever, smart	頭が高い
からだ	Body	体
かわい	Cute	可愛い
ながい	Long	長い
みじかい	Short	短い
ていねい	Polite	丁寧
だいじょうぶ	Fine, ok	大丈夫
らく	Comfortable, easy	楽
てきとう	Suitable	適当
たいせつ	Important	大切
（お）ふろ	Bath	

うたぎ	Outerwear	
したぎ	Inner wear	
ホンコン	Hong kong	
シンガポール	Singapore	
かぜ	Cold	風
せき	Cough	
ねつ	Fever, heat	熱
びょうき	Ill, sick	病気
びょういん	Hospital	びょういん
くすり	Medicine	薬
もんだい	Problem, question	問題
こたえ	Answer	答え
みどり	Green, greenary	緑
（お）てら	Temple	お寺
じんじゃ	Shrine	神社
いのり	Prayer	祈り
おだいじに	Take care (used when person is sick)	お大事に
ほんとう	Truth, reality	
ほんとうに	Really	本当に
ほんとうですか。	Really? (Used when asking abut the truth)	本当ですか。
へえ！	Really! (Used when expressing surprise)	

<ruby>内容<rt>ないよう</rt></ruby>

1. じしょう form (Dictionary form)

2. Sentences with まえに、ことです、ことが できます.

<ruby>文型<rt>ぶんけい</rt></ruby>

1. <ruby>私<rt>わたし</rt></ruby>は <ruby>車<rt>くるま</rt></ruby>を うてんする ことが できます。

2. <ruby>電車<rt>でんしゃ</rt></ruby>に のるまえに チケット を <ruby>買<rt>か</rt></ruby>います。

3. ミラーさんは かんじを <ruby>分<rt>わ</rt></ruby>かる ことが できません。

4. <ruby>私<rt>わたし</rt></ruby>の しゅみは ピンポン を ひく ことです。

5. だいがく を <ruby>行<rt>い</rt></ruby>くまえに ドイツごが ならいたいです。

文法

I. <u>じしょ</u>Form: -

じしょう form indicate dictionary form of Japanese. As the name indicates, the dictionary form allows users to search any verb in a Japanese Dictionary. Since, all other forms cannot be found in the dictionary, じしょう form can be used for that purpose.

*Formation

<u>GROUP 1</u>: - [か　き→く　け　こ]

かきます	かく
ぬぎます	ぬぐ
あいます	あう

<u>GROUP 2</u>: - Remove ます and add る [Stem of verb doesn't change]

やめます	やめる
しめます	しめる
たべます	たべる

<u>GROUP 3</u>: - Irregular Verbs

きます	くる
します	する
さんぽうします	さんぽうする

II. Various sentence formations with じしょう form.

1) **じしょう form and ことが できます**: - It represents "can" in English i.e. It is used to express ability or potential when used with Dictionary form of words. It means

～can do the thing of…

Example: - 1. グプタさんは カタカナを 読む ことが できます。

        (Mr. Gupta can read Katakana.)

2. ぎんこうで ドルを 円に 帰り ことが できます。

        (You can convert dollar into yen at the bank.)

2) **じしょう form and ことです**: - It is used to turn verbs into gerunds. It means ～ing. (Don't confuse it with present progressive tense of て form)

*Formation

Verb in じしょう form + こと です。

Example: -1. 私の しゅみは 本を 読む こと です。

        (My hobby is to read/reading books.)

3) **じしょう + まえに**: - まえに is used to express an action done before another action.

*Formation

1. じしょう + まえに, sentence followed by verb in ます form.
2. Noun + の + まえに

Example: -1. 来はんを 食べる まえに は を みがきます。

        (I brush my teeth before eating lunch.)

例文

1. あなたの しゅみは 何 ですか。

   。。。え を 書く こと です。

2. りょこうへ 行く まえに かわい かばんが ほしい です。

3. まちへ 帰る まえに たばこ を やめて ください。

4. ギター を ひく ことが できますか。

   。。。いいえ, よく できない。

5. きかい を 使う まえに この スイッチ を 教えて ください。

6. がっこうの まえに ちょうと 日本語を 勉強しませんか。

   。。。いいえ, いそがしい ですから 勉強しません。

7. いつ 日本に 来ましたか。

   。。。2ねん まえに 来ました。

8. ラオーさんは ケーキを作る ことができますか。

   。。。いいえ できません。

9. どのぐらい およぐ ことが できますか。

 。。。２００ メートル ぐらい できます。

10. いつ シンガポールへ 帰(かえ)りますか。

 。。。クリスマス まえに 帰(かえ)ります。

練習(れんしゅう)

問題(もんだい)1

Verb	じしょ Form
いきます	
つとめます	
はしります	
おります	
けっこんします	
きます	
おします	

問題(もんだい)2

1. くにへ_____ まえに 何(なに)を しますか。

    1) きる 2) くる 3) きて 4) くない

2) 日本語(にほんご)で 話(はな)す こと____ できます。

    1) が 2) で 3) は 4) に

3) イギリスへ_____ から 英語を ならいます。

1) くる　2) きて　3) こない　4) きる

4) みつはさんは 英語___ 日本語___ 話す ことが できます。

1) も/が　2) が/も　3) も/も　4) で/で

5) 私の しゅみは_____ こと です。

1) およがない　2) およぐ　3) およいで　4) およぎません

読解　「みつはさんの　夏休み」

来月から だいがくの 夏休み を 始めます どこかに 生きたいです。でも お金が あまり ありませんから 外国へ 行く ことが できません。だから まちへ 行きます。まちへ 行く まえに ともだちと いっしょに レストランで ビール を 飲ます。ぎゅうにく を 食べながら きれいな けしきを 見ます。内の となりの 川で およぎます。私の 夏休み は たのしい と思。

問題 (O) / (X)

1. 来月は 夏休み ですから 外国へ 行きます。（　）

2. ともだちと ビールを 飲たいです。（　）

3. まちで ともだちと けしき を 見たいです。（　）

4. みつはさんの しゅみは およぐ ことです。（　）

5. お金が 終たから、みつはさんは まちへ 行きます。（　）

余分
よぶん

- Formation of じしょ Form

    o Group 1

Verb	じしょ Form
かきます	かく
およぎます	およぐ
いきます	いく
しにます	しぬ
のみます	のむ
よびます	よぶ
はなします	はなす

    o Group 2

Verb	じしょ Form
ねます	ねる
おります	おりる
かけます	かける
みます	みる

    o Group 3

Verb	じしょ Form
きます	くる
します	する
べんきょうします	べんきょうする

第17課

単語

なります	Become	
わすれます	Forget	忘れます
なくします	Lose	
はらいます	Pay	払います
はいります（おふろに～）	Take (a bath)	入ります
でかけます	Go out	出かけます
のみます（くすりを～）	Take (medicine)	飲みます
しっちょうします	Go on a business trip	
ざんぎょうします	Work overtime	残業します
あらいます	Wash	洗います
すてます	Throw	捨てます
あつめます	Collect, gather	集めます
うんてんします	Drive	運転します
よやくします	Reserve, book	予約します
しんぱいします	Worry	心配します
かちょう	Section chief	課長
ぶちょう	Department chief	部長
しゃちょう	President of a company	社長
せんせい	Doctor (used when addressing a medical doctor)	先生
ひ	Day	日
そら	Sky	空
きんえん	No smoking	禁煙
ちょうし	Condition	調子

かんたん	Simple	簡単
もうすぐ	Soon	
まず	First	
いちど	Once	一度
もういちど	Once more	もう一度
いちども	Not one, never (used with negative sentence)	一度も
だんだん	Gradually	
なかなか	Not easily (used with negative sentence)	
じつは	Actually, to tell the truth	実は
ぜひ	By all means, definitely (someone else's intension)	
きっと	Definitely (your own intension)	
ぜったいに	Definitely not, never (used with a negative sentence)	
どうぶつ	Animal	動物
どうぶつえん	Zoo	動物園
メートル	Meter	
サンドイッチ	Sandwich	
カレーライス	Curry rice	
アイスクリーム	Ice cream	
タージマハル	Taj Mahal (one of the 7 wonders)	
パンツ	Pants	
おだいじに	Take care (used when someone is ill)	お大事に
やっとわかった	Finally, I go it.	やっと分かった
あ、あった	Oh, there it is.	

内容

1. た form
2. Use of り
3. ことが あります
4. Use of なります
5. ことに なります

文型

1．私は 東京 を 行った ことが あります。
2．来月 ２３さいに なります。
3．明日 レストランで 食べたり、飲んだり、買い物に 行ったり します。
4．パンツは みじかく なりました。
5．すし を 食べた ことが あります。
6．スーパーで 行く ことに なりました。
7．本 を 読んだ 後で ねました。

文法

I. た form (past tense)

～た form is basically a casual form of ～ました (polite form of past tense)

*Formation

The formation is literally same as て form except that て is replaced by た.

Group 1: -

～ます	て form	た form
書きます	かいて	かいた
行きます	いって	いった
急ぎます	いそいで	いそいだ
飲みます	のんで	のんだ
よびます	よんで	よんだ
ならいます	ならって	ならった
はらいます	はらって	はらった
待ちます	まって	まった
なくします	なくして	なくした

Group 2: -

～ます	て form	た form
わすれます	わすれて	わすれた
出かけます	でかけて	でかけた

Group 3: -

～ます	て form	たform
来ます	きて	きた
します	して	した
ざんぎょうします	ざんぎょうして	ざんぎょうした

Example: -

きのう　ふくを　あらった。[Casual]

(I washed my clothes yesterday.)

きのう　ふくを　あらいました。[Formal]

(I washed my clothes yesterday.)

II. Various usage of たform

1) た form + あとで

あとで means "after" which express that something happened after something else, followed by た form of a verb.

*Formation

Past verb + あとで

Noun + の + あとで

Example: - 1．しょうくだい　を　した　あとで　テレビを　見ます。

(I will watch TV after doing my homework.)

2．昼ごはんの　あとで　友だちと　コーヒーを　飲んだ。

(I drank coffee with my friend after lunch.)

2) た form + ことが あります (Have you ever)

To talk about a past experience or an event, we use past form of a verb followed by ことが あります. In general, ことが あります expresses that you have done something before.

***Formation**

Verb + た form + ことが あります

Example: - 1. しゅちょうした ことが ありますか。

(Have you ever been to a business trip?)

2. カードで はらった ことが ありますか。

(Have you ever paid with card?)

3) た form + り

When there are multiple actions, we use たり (and).

> Note: -
> たり can be used in the context of present as well as past tense depending on the verb which is used to end the sentence (します/した).

***Formation**

1. Verb A + たり + verb B + たり + します.

2. Verb A + たり + verb B + たり + しました.

Example: - 1. テレビを 見たり 友だちと 話したり します。

(I watch TV and talk with friend.)

2. テレビを 見たり 友だちと 話したり しました。

(I watched TV and talked with my friend.)

4) (く) なります and (に) なります

This form of grammar is used to express "to become".

*Formation

1. あつい　あつくなります [Removeい and く なります.]

2. しずかに　なります [Add に なります in な adjective]

Example: １．それから、だんだん　さむくなります。(It gradually becomes cold)

　　　　　２．こどもたちが　きたら　うちは　にぎやかに　なりました。
　　　　　(The house became lively when the kids came)

Also, なりたい=Want to become, which follows the same format as mentioned above.

5) ことに　なります

It is often used when someone's decision or an arrangement is involved. Which translates to
〜It will be decided that
〜Turns out that

*Formation

じしょ form/ない form + ことに　なります

Depending upon the context, both present and past can be used with ことに　なります．

Example: - 1. 来年(らいねん)　けっこんする　ことに　なります。

　　　　(It's been decided that I will get married next year.)

例文

1. くすり を 飲んだら だいじょうぶに なります。

2. タイ りょうりを 食べた ことが ありますか?
。。。はい, あります。先週 かないと タイ レストランで 食べた。

3. タージマハル を 見た ことが ありますか。
。。。いいえ, いちども ありません。

4. 明日 どこか 出かけますか。
。。。いいえ, ねつが ありますからから どこに 行かない ことに なります。

5. きのう とうしょかんで 何 を しましたか。
。。。本 を 読んだり しゅくだい を したり します。

6. あなたは とても 元気に なりますね。
。。。え, そうです。

7. グプタさん, しゅみは どう ですか。
。。。本 を あつめたり 読んだり します。

8. 日ようびに ごみ を つてますか。

。。。いいえ，まいしゅうの 土ようびに つてる ことに なりました。

9. かんじが じょうずに なりますか。

。。。はい，やっと 分かった。

10. そらが 赤く なりましたね。

。。。はい，だんだん 青く なりますね。

11. あふろに はった 後で 朝ごはんを 食べました。

12. べんきょうの 後で あそびました。

練習
問題1

Verb	た Form
はらいます	
でかけます	
しんぱいします	
ざんぎょうします	
のみます	
かぶきます	
はなします	

問題2

Adjective	〜なります
さむい	さむく　なります
たいへん	
おもしろい	
しずか	
きれい	
たかい	
ハンサム	
さびしい	
ていねい	

問題3

1. この　町は　にぎやか____　なりました。

　　1）に　2）く　3）で　4）な

2. この　本は　読んだ　こと____　ありますか。

　　1）に　2）が　3）で　4）を

3. きょうしつに　はいった____　べんきょうした____　します。

　　1）り/り　2）り/く　3）り/が　4）り/に

4. 明日　友だちと_____　ことに　なります。

　　1）でかけた　2）でかけて　3）でかける　4）でかけたり

5. この　えいが　を_____　ことが　ありますか。

　　1）みて　2）みた　3）みたい　4）みる

読解: [どうぶつえん]

弟は いちども どうぶつえんに 行った こと が ありません。かれは 来週 の 水ようびに 14さいに なります。その 日 かれと いっしょに どうぶつえんに 行くこと に なります。

ここで いろいろな どうぶつ を 見たり、きれいな しゃしん を とったり します。それから レストランに 食べに 行きます。日本りょうり を 食べます。

食べた 後で 内で かぞくと パーティー を します。

かれは ぜひ 元気に なります。

問題 1: (O) / (X)

1. 弟は もいちど どうぶつえん に 行きます。
2. 来週の 水ようびに 弟の たんじょうび です。
3. レストランで 友だちと いしょに パーティー を します。

問題 2:

あなたは たんじょうびに 何 を しましたか。

余分
よぶん

- Formation of た Form :
    - Group 1

Verb	Formal/Polite	Informal/Casual
*いきます	いきました	いった
いそぎます	いそぎました	いそいだ
かきます	かきました	かいた
のみます	のみました	のんだ
よびます	よびました	よんだ
しにます	しにました	しんだ
とります	とりました	とった
かいます	かいました	かった
たちます	たちました	たった
かします	かしました	かした

    - Group 2

Verb	Formal/Polite	Informal/Casual
たべます	たべました	たべた
おります	おりました	おりた
かります	かりました	かりた
あびます	あびました	あびた

    - Group 3

Verb	Formal/Polite	Informal/Casual
きます	きました	きた
します	しました	した
ざんぎょうします	ざんぎょうしました	ざんぎょうした

動物の名前

Animals	かんじ	Meaning
ねずみ	鼠	Mouse
ねこ	猫	Cat
こねこ	小猫	Kitten
いぬ	犬	Dog
カラス	鴉	Crow
さる	猿	Monkey
うし	牛	Cow
うま	馬	Horse
ぶた	豚	Pig
カンガルー	—	Kangaroo

第18課

単語

おもいます	Think	思います
いいます	Say	言います
やくに たちます	Useful	役に立ちます
たります	Enough	足ります
かちます	Win	勝ちます
まけます	Lose	負けます
しらべます	Search, investigate	調べます
えらびます	Choose	選びます
しゅうりします	Repair	修理します
そうじします	Clean (a room)	掃除します
せんたくします	Clean (clothes)	選択します
ちょうし が いい	Good condition	調子が いい
ちょうし が わるい	Bad condition	調子が 悪い
みなみ	South	南
ひがし	East	東
きた	North	北
にし	West	西
なつ	Summer	夏
はる	Spring	春
あき	Autumn	秋
ふゆ	Winter	冬
ゆき	Snow, Snowy	
ぼく	I (an Informal equivalent of わたし used by men)	僕

きみ	You (an Informal equivalent of あなた used by men)	君
～くん	Mr (an informal equivalent of -さん used by men)	～君
うん	Yes (an informal equivalent of はい)	
ううん	No (an informal equivalent of いいえ)	
きけん	Dangerous	
いけん	Opinion	意見
さいきん	Recently	
はじめ	The beginning	始め
おわり	The end	終わり
ことば	Words	
に　ついて	About	
この　あいだ	These days	
きぶん	Feel	気分
ふべん	Inconvenient	不便
べんり	Convenient	便利
たぶん	Probably	
おなじ	Same	同じ
～かた	how to (よみかた - how to read)	
レース	Race	

内容

1. とおもいます

2. といいます

3. ごろ

4. ぐらい

5. Use of ちょうど

文型

1. 今日は 雨が ふる とおもいます。

2. 私たちは ちょうど 朝ごはん を 終わりました。

3. みつはさんは へやに いません といいました。

4. 2キロメートル ぐらい はしりました。

5. こぎは 8じはん ごろ（に）始めます。

6. 土ようびは ひまだ といいました。

文法

と is used as a conjunction with 〜と おもいます and 〜と いいます.

1. 〜と おもいます: - Used to express speakers intention.

*Formation before 〜と おもいます

Present/ Future	じしょう form
Past	た form
Negative	ない form
い Adjective	No Change
な Adjective	Add だ
Noun/ Vocabulary	Add だ

Example: -1. 今日は 雨が ふらない とおもいます。

(I think it won't rain today.)

2. 〜と いいます: - Used to express "to say".

*Formation before 〜と いいます

Present/ Future	じしょう form
Past	た form
Negative	ない form
い Adjective	No Change
な Adjective	Add だ
Noun/ Vocabulary	Add だ

*Sentence Formation

[Person who said it] + は + [quoted phrase] + といいました.

Usually, this phrase is used in the past tense i.e. といいました because it represents 〜said it/ 〜said that.

Example: -1. かれは 「その 子を 妹だ」といいました。

(He said that little girl was his younger sister.)

> と as a particle means 'and/with' but when used with おもいます and いいます, と is not considered as with/and.

3. Both ごろ and ぐらい is used to express time approximation.

However, the only difference is that: -

a. ごろ is used to point a specific or a perfect time.

Example: - 3pm, 4pm – exact and specific time.

b. ぐらい is used to point an approximate quantity or time period.

Example: - About 10 minutes, about an hour, etc.

Sentence Examples:
1) 4時 ごろ 内に 帰ります。 (I'll be back home around 4.)
2) この くつは ３，０００円 ぐらい です。 (These shoes are about 3,000 yen.)

4. ちょうど means Exactly or Just.

Used to represent, "exactly" or "just" when used in a context of time.

Example: -1) ６時 半 ちょうど ですか。 (Is it exactly 6:30?)

2) ６時 半 ちょうど です。 (It is exactly 6:30.)

例文

1. かいぎしつの かぎは どこ ですか。

。。。あの かばんの 中に あると おもいます。

2. 日本語の しけんは いつ ですか。

。。。明日は ちょうどう 9時 です。

3. 日本に ついて どう おもいますか。

。。。せいかつが べんりだと おもいます。

4. きっては いくつ ほうし ですか。

。。。きっては 4まい ― 5まい ぐらい。

5. 田中さんの おととい どこに いきましたか。

。。。かぜが いましたから どこも いかないと いいました。

6. ぶちょう, 明日 かいぎで 何に ついて 話しますか。

。。。そうですか。 きみの いけんと おもいます。

。。。はい, これは やくにたちです。

7. けんがくは 明日 ですか。

。。。はい, 朝 8時ごろ です。

8. ドイツごの 書き方が 分かりませんと いいました。

。。。書き方が 分かりませんと いいました。

9. よつはさんは きのう どうぶつえんに 行ったと おもいます。

。。。はい, すごいね。

。。。私も 行きたいです。

10. かれは 3時半 ぐらい ふくを せんたくします。

11. かぎを しらべて います。見た ことが ありますか。

。。。かぎ ですか その かばんの 中に あると おもいます。

12. 明日は レースに まけないで ください。

。。。がんばって ください。

。。。はい, 私も そう おもいます。

練習

問題1
(そうじします, えらびます, 高い, 長い, まけます)

1. きのう　お母さんは　へやを_____　と　おもいます。

2. ラオーさんは　その　大きい　かど　を_____　と　おもいます。

3. きむらさんは　東京は_____と　いいました。

問題2

1. ミラーさんは　8時___　駅へ　行くと　いいました。

    1）ごろ　2）ぐらい　3）はん　4）に

2. あの　こどもは　_____　と　おもいます。

    1）かわい　2）かわいだ　3）かわい　では　ない　4）かわいだった

3. 私は　２００ミートル_____　およぎます。

    1）ごろ　2）ぐらい　3）に　4）どの　ぐらい

4. 明日　こぎは　_____　9時　です。

    1）ちょうどう　2）ごろ　3）ぐらい　4）どのぐらい

5. 毎朝　_____　はしります。

    1）ごろ　2）ぐらい　3）ちょうどう　4）どのぐらい

6. 姉＿＿＿ 弟＿＿＿ きょうとには いないと 行った。

　　1）と/も　2）も/と　3）も/も　4）と/と

読解：「てがみ」

今日は きっさてんで ぶちょうに 会いました。明日の かいぎに ついて 2時 半 ぐらい 話しました。かいぎは 明日 朝 8時に 会う とおもった けど ぶちょうは かいぎは 明日の 夜 8時に といいました。 ふたりも いろいろな いけん を いいました。ぶちょうと 話すことは おもしろかた。

問題：どっかい を 読んで こたえ を 書く。

1．かいぎは いつ ですか。
2．何が おもしろかったですか。
3．ふたりは どこへ ありましたか。

余分
<small>よぶん</small>

1) Counter for long and round object ：

Number of objects	Long object eg. えんぴつ, かさ
1	いっぽん
2	にっほん
3	さんぼん
4	よんほん
5	ごほん
6	ろっぽん
7	ななほん
8	はっぽん
9	きゅうほん
1 0	じゅっぽん
1 0 0	ひゃっぽん
1 0 0 0	せんぼん
?	なんぼん

2) Important Words :

Words	Meaning
たくさん	Very much
それから	Then／After that
ですから	So
これから	From now on
これから	Often this
はかく	Early

3) Important terms:

Terms	Meaning
いつも	Always
ときどき	Sometimes
もう	Already
まだ	Not yet
あまり	Not much
たいへん	Hard／Tough／Difficult
とても	Very
なかなか	Not easily
ぜひ	Definitely（Used for own intention and recommendation）
ぜんぜん	Not at all
すこし	Little
だいたい	Almost
よく	Often, Well
きっと	Definitely（Used to show confidence for others for your intention）
べつべつに	Separately
こかに	Others
だんだん	Gradually
ほかに	Other/Besides

第19課

単語

あげます	Give	
くれます	Give	
もらいます	Receive	
しります	To know	知ります
きます（シャツ　を〜）	Wear (a shirt)	
うまれます	Born	生まれます
なおします	Recover	
でます（おつり　が〜）	Money change	
うごきます(とけい　が〜)	Move (the watch)	動きます
あるきます（みち　を〜）	Walk (on a road)	歩きます（道　を〜）
わたります（はし　を〜）	Cross (a bridge)	
ひっこしします	Move (from one place to another)	引越しします
つれて　きます	Bring (someone)	
つれて　いきます	Take (someone)	
おくります	Send	送ります
せつめいします	Explain	
あんないします	Guide	
でんきん	Electrician	
おと	Sound	
つまみ	knob	
サイズ	Size	
おかし	Sweet, snacks	
しお	Salt	
さとう	Sugar	

けいさつ	Police	
おちゃ	Tea ceremony	お茶
ひ	Day	日
しかし	But	
なんかいも	Many times	何回も
からだに いい	Good for health	体に いい
からだに わるい	Bad for health	体に 悪い
おじいさん／おじちゃん	Grandfather, old man	
おばあさん／おばちゃん	Grandmother, old man	
しゅしょう	Prime minister	
だいとりょう	President	
おかげさまで	Thank you (used when expressing gratitude for help received)	
どう するの。	What will you do?	
どう しようかな	What shall I do？	

内容

1. あげます

2. くれます

3. もらいます

4. でしょう

文型

1. 私は 母に おかし を もらいました。

2. しゅうちょうの かないは 私に おちゃ の 作り方 を 教えて くれます。

3. グプタさんに 日本語の 本 を 貸して あげました。

4. 明日は 雨が ふる でしょう。

5. シュミットさんは 私に 大学に ついて せつめいして くれました。

文法

1. あげます: - To give.

When A gives something (gifts, things, presents, etc,) to B. あげます is used. Here A refers to 1st person (I) and B refers to 2nd person (friends, family, anyone.)

*Formation: -

A (は) ──A to B──▶ B (に) 〜 を あげます。

Example: - 1.私は ゆうすけさんに 本を あげました。
　　　　　　　(I gave book to Mr. Yusuke.)

2. くれます: - To give. (By 2nd person)

The function of くれます is similar as that of あげます. The only difference is that here, 2nd person gives something to the 1st person.

*Formation: -

A (は) ──B to A──▶ B (に) 〜 を くれます。

Example: - 1.私に ゆうすけさんは 本を くれます。
　　　　　　　(Mr. Yusuke gave book to me.)

3. もらいます: - To receive.

It is used to indicate something that has been received from some other person.

Example: - 1.私は ゆうすけさんに もらいました。(I received it from Mr. Yusuke.)

*Example sentences :

1) 私は ゆうすけさんに 飲み物を もって あげました。
   [I **gave** drink to Mr. Yusuke.]

2) ゆうすけさんは 私に 飲み物 を 持って くれました。
   [Mr. Yusuke **gave** drink to me.]

3) 私は ゆうすけさんに 飲み物 を 持って もらいました。
   [I **received** drink from Mr. Yusuke.]

4. でしょう: - Isn't it?

A question mark used as a confirmation instead of asking the question directly (か)

Present/ Future	じしょう form
Past	た form
Negative	No Change
Noun	No Change

Example: - 1.この　カメラは　高(たか)かった　でしょう。

(This camera was expensive, right?)

例文

1. きれいな ズボン ですね。 どこの ですか。
   。。。オスとリアの ズボン です。この 間 カリナさんが くれました。

2. この けいさつしょ を しって いますか。
   。。。はい、この 道に 南に 行きます。

3. マリアさん、 だいじょうぶ ですか。
   。。。くすり を もらって、飲んで ちょうしが いいです。

4. あなたは だんだん 日本語が じょうずに なって いますね。
   。。。はい、父は 毎日 私に ひらがなや かたかなも 教えて もらいます。

5. きむらさんの たんじょうびに 行く でしょう。
   。。。はい、行きます。しかたが ありません。

6. プラスチックは むだ ですから 使わないで ください。
   。。。はい、今から やめます。

7. やまださんは 私に ちずを 書いて くれました。

8. 今日は しけん ですね、えんぴつと けしゴムを もって きて わすれた。
   。。。じゃ 私の えんぴつ を 貸して あげましょうか。

194

。。。ええ，どうも。

9. だれが こうじょうに ついて せつめいしますか。

   。。。シュミトさんは 会社いんに こうじょうに ついて せつめいして くれます。

10. だれに お金を もらいましたか。

    。。。父に もらいました。

練習

問題1

1. これは ワンさんに [もらった / くれた] 英語の じしょ です。

2. 友だちの たんじょうびに 私は ネクタイを 買って [くれました / あげました]

3. 私の 車を 貸して [あげましょうか / もらいましょうか]

   。。。はい，貸して ください。

4. かないは 私に インドから てがみを 送って [くれました / あげました]

5. 私は はんぞさんに 大学を あんないして [くれました / もらいました]

読解 「はんぞさんの 家」

さいきん 私は はんぞさんの 内へ あそびに 行きました。はんぞさんの 家まで、こうべから しんかんせんで 半時 ぐらい かかりました。
はんぞさんに 書いて もらった ちずも もって 行きました。けれども 道が 分かりませんでした。道を はしって いる おじさんに まちを 聞きました。その おじさんは とても しんせつな ひと でした。私に はんぞさんの 家まで つれて 行って くれました。

家で はんぞさんの おくさんは りょうりが じょうずで, 私に いろいろな タイ りょうりうを 作って くれました。いっしょうに 食べました。とても おいしかった です。晩ごはん を 終わってから 私の国や 日本に ついて いろいろな こと を 話しました。それから ビールを 飲んだり、おかしを 食べたり、テレビを 見たり しました。

つぎの 日 はんぞさんが 車で 駅まで 送って くれました。とちゅうで 雨が ふれました。とても たのしかった です。

問題 : (O) / (X)

1. きのう はんぞさんの 家へ あそびに 行きました。（ ）

2. はんぞさんの 家へ 行くまえに ちずを 書いて もって 行きました。（ ）

3. 道が 分かりませんでしたが、しんせつな おじさんが 教えて くれました。（ ）

4. おじさんに はんぞさんの 内まで つれて 行って もらいました。（ ）

5. 家で はんぞさんの お母さんが おいしい タイ りょうりうを つくって くれました。（ ）

6．つぎの 日は 雨が ふって いました。（ ）

余分
<small>よぶん</small>

- Vocabulary related to family :

Words	かんじ	Meaning
ちち	父	Father
はは	母	Mother
おとうさん	お父さん	Someone else's father
おかあさん	お母さん	Someone else's mother
あね	姉	Elder sister
あに	兄	Elder brother
おねえさん	お姉さん	Someone else's sister
おにいさん	お兄さん	Someone else's brother
おとうと	弟	Younger brother
いもうと	妹	Younger sister
そふ	祖父	Grandfather
おじいさん	お祖父さん	Someone else's grandfather
そぼ	祖母	Grandmother
おばあさん	お祖母さん	Someone else's grandmother
おじさん	叔父さん	Uncle
おばさん	叔母さん	Aunt
おっと	夫	Husband
ごしゅじん	ご主人	Someone else's husband
つま	妻	Wife
おくさん	奥さん	Someone else's wife
むすこ	息子	Son
むすめ	娘	Daughter

第20課

単語

まわします	Round, revolve	
ひきます（ピアノ を～）	Play (a piano)	弾きます
さわります	Touch	
ひきます	Pull	引きます
かえします	Return, give back	返します
やちん	Rent	家賃
(お)べんと	Lunch box	お弁当
でんきや	Electric shop	電気屋
きかい	Machine	機械
いみ	Meaning	意味
とくに	Especially	特に
みち	Road	道
こしょう	Breakdown, malfunction	故障
こうさてん	Crossroad	交差点
しんごう	Traffic light	信号
かど	Corner	
はし	Bridge	橋
ちゅうしゃじょう	Parking lot, car park	駐車場
おしょうがつ	New Year's Day	
たてもの	Building	建物
ぼくじょう	Farm land	
みんなで	All together	
~けど	but (na informal equivalent of が)	
じゅんび	Preparation	準備

しりょう	Documents	資料
しょるい	Document, official paper	書類
ぜんぶ	Total	全部
ほかに	Besides	他に
はなび	Fire work	花火

内容
1. とき
2. と

文型

1. 日本から アメリカへ 行く とき パスポートが いります。

2. 毎日 れんしゅうすると しあいに まけない。

3. じむしょから 帰る とき 雨が ふって いました。

4. かんじが 分からないと 毎日 じゅんび を します。

5. 先週 東京に 行った とき はなび を 見ました。

文法

1. とき： - When, at this time.

Present/ Future	じしょう form
Past	た form
Negative	ない
な	な
Noun	の

Example: - 1.デパートで 食べ物 を 買う とき カードが いります。
(When you buy food at a department store, you need a card.)

2. と： - If

When it comes to expressing conditionals (if) there are many ways. と is one of the ways to represents conditionals. However, と expresses constant results and actual (real) conditions.

Present/ Future	じしょう form
Past	た form
Negative	ない
な	だ
Noun	だ

Examples :
1) Constant results
春に なると さくらが 来ます。 (If it becomes spring, cherry blossom will come.)

2) Actual condition.
しんかんせんに のると ふじさんを 見ます。 (When I get on bullet train, I see Mt Fuji.)

例文

1. めがねは どこ ですか。
   。。。みぎへ まがると めがねは つくえの 上に あります。

2. 家へ 帰った とき ただいまと 言いました。

3. 食べたい とき こうさてんの デパートで 食べ物 を もって きます。

4. さくら 大学の じゅうしょ を しって いますか。
   。。。はい, その はしを わたると さくら 大学 を 見る ことが できます。

5. ちょうしが 悪い とき くすり を 飲みます。
   。。。はい, 今 くすり を 買います。

6. ひまわりさん, ひまな とき 何 を しますか。
   。。。本 を 読んだり おんがく を 聞いたり。

7. 東京 大学に 行きたいと べんきょう しなければならない。

8. しんごうが 赤くなると 車を とめて ください。

9. この ボタン を おさないと きかいが ぜんぜん うごきません。

10. びょうきの とき あふろに はいらないで ください。

11. おてらに 入(はい)る とき 何(なに)も さわらないで ください。

12. えいがが 見(み)たい です。ちゅうしゃじょうは どこ ですか。
。。。その たてものの 近(ちか)くに あります。

練習(れんしゅう)

問題(もんだい)1

(おくります, あります, すわります, まがります, さわります, いれます, 行(い)きます)

1. ゆびんきょうくで てがみを ＿＿＿＿ とき じゅしょうが いります。

2. 時間(じかん)が ＿＿＿＿ とき あそびに 行(い)きません。

3. その つまみを 左(ひだり)へ ＿＿＿＿＿ と おとが 大(おお)きくない。

4. こじょうの とき きかいが ＿＿＿＿＿ ないで ください。

5. おつりが ありませんと ぎんこうに ＿＿＿＿。

6. この りょうりは 少(すこ)し さとう を ＿＿＿＿ と おいしく なります。

読解:「私の じしょう」

たんじろの 家は 駅から あるいて ２０分 ぐらい です。駅の 前に スーパーと ぎんこうが あります。その 間の みちを まっすぐ 行くと 大学が あります。あの 大学 を 右へ まがって ください 少し 行くと 川が あります。

川 を 左へ まがると すぐ となりに びょういんが あります。ここ を 右へ まがって ３分 ぐらい あるくて 大きい にわが あります。家は にわの つぎ です。

問題: どっかい を 読んで こたえ を 書く。

1. 駅から たんじろの 家まで どのぐらい かかりますか。
2. スーパーと ぎんこうの 間に 大学が ありますか。
3. 川は どこ ですか。
4. どちらへ まがると にわが 行きますか。
5. たんじろの 家は にわの となり でしょう?

余分

- Vocabulary

Words	Meaning
きます（シャツを）	Put on (a shirt, etc)
はきます（くつを）	Put on (Shoes, trousers, etc)
かぶります（ぼうしを）	Put on (a hat, etc)
かけます（めがねを）	Put on (glasses)

第21課：読解

もんだい1: つぎの (1)から(4)3の ぶんしょうを 読んで、しつもんに こたえて ください。こたえは、1・2・3・4から いちばん いい もの を 一つ えらんで ください。

(1)：

ラオー：すみません、あの つくえの 上に ある 本を 見たいです。（ア）

店の 人：はい、わかりました。（イ）

ラオー：あれです。あの 日本語で 書いて ある 本です。

店の 人：これですか。

ラオー：いいえ、かんじじゃなくて ひらがなで 書いて（日本語の）本です。

店の 人：ああ、これですか。

ラオー：はい、それです。それは いくら ですか。

店の 人：2,000円 です。

ラオー：2,000円 ですか。ちょっと 高いですね。（ウ）すみません。

店の 人：いいえ、また どうぞ。

「1」（ア）には 何を いれますか。

1. とりますか。

2. とりましょうか。

3. とっていますか。

4. とってくださいませんか。

「2」（イ）には 何を いれますか。

1. どの 本ですか。

2. どれが 本ですか。

3. これは 本ですか。

4. この 本は ありませんか。

「3」（ウ）には 何を いれますか。

1. じゃ、それです。

2. じゃ、いいです。

3. じゃ、それにします。

4. じゃ、そうしましょう。

(2) :

ミラー：あのう、すみません。きのう でんしゃに かさ を わすれました。

駅の 人：どこに 行く でんしゃ ですか。

ミラー：さくら 駅に 行く でんしゃ です。8時 15分に つばき 駅で のって あやめ駅で おりました。

駅の 人：そうですか。どんな かさ ですか。

ミラー：長くて 大きい かさ です。いろは くろです。

駅の 人：長くて くろい かさ ですね。

ミラー：はい。

駅の 人：ちょっと まってください。。。
　　　　これは みじかい ですね。。。
　　　　あ、2ほん あります。かさに 名前が 書いて ありますか。

ミラー：はい、ミラーと 書いて あります。

駅の 人：ミラー。。ああ、こちら ですね。

ミラー：そうです＿＿＿＿＿！ありがとう ございました。

「1」_____には 何を いれますか。

 1. けっこうです。

 2. こちらこぞ。

 3. いいですね。

 4. よかった。

「2」きょう ミラーさんは どうして 駅の 人と 話しましたか。

 1. かさに 名前を 書いたから

 2. かさを わすれたから

 3. でんしゃに のりたかったから

 4. さくら駅に 行きたかったから

「3」ミラーさんの かさは どれ ですか。

 1. みじかいかさで、名前が 書いてあります。

 2. くろいかさで、名前が 書いてあります。

 3. 長いかさで、名前が 書いてありません。

 4. 大きいかさで、名前が 書いてありません。

(3):

だいがくで がくせいが この かみ を 見ました

日本語と 英語の クラスの みなさん ー

きょう しずか せんせいは お昼まで お安いです。

午前の 日本語の クラスは ありません。英語と

日本語の しゅくだいは らいしゅう だして ください。

2019年12月三日 たかみだいがく

「1」 だいがくは 日本語の クラスの がくせいに 何が 言いたいですか

1. きょう クラスは ありません。しゅくだいは 午前 出して ください。

2. きょう クラスは ありません。しゅくだいは 来週 出して ください。

3. きょう クラスが ありますから、しゅくだい を 出して ください。

4. きょう クラスが ありますが、しゅくだいは 来週 出して ください。

(4):

にぎやか こえん

時間：午前 ８：００ ～ 午後 ５：００

おかね：おとな（１４さい～）。。８００円
　　　　こども（６さい～１３さい）。。４５０円
　　　　こども （３さい～５さい）。。３００円

- ３さい までは おかねが いりません
- ４月 ２０日 ～ ４月 ３０日 まで １０％ むりょ

「１」 たなかさんと きらさん ４月２９日に にぎやか こえんへ いきたい です。いくら かかりますか。たなかさんは ２８さいと きらさんは ４さい です。

1. ９９０円
2. １１００円
3. ９００円
4. ８００円

第22課 : Verb list

グループ1

	～きます		Present Positive Dictionary form	Present Negative ない-form	Past Positive た-form	Past Negative なかった-form
1	あきます	open (i.e.: [something] opens.)	あく	あかない	あいた	あかなかった
2	あるきます	walk	あるく	あるかない	あるいた	あるかなかった
3	おきます	put, place	おく	おかない	おいた	おかなかった
4	かきます	write, draw	かく	かかない	かいた	かかなかった
5	ききます	listen, hear, ask	きく	きかない	きいた	きかなかった
6	さきます	bloom, floewr	さく	さかない	さいた	さかなかった
7	つきます	arrive	つく	つかない	ついた	つかなかった
8	いきます	go	いく	いかない	いった	いかなかった
9	なきます	sing (bird), bark (dog), mew (cat)	なく	なかない	ないた	なかなかった
10	はきます	put on (shoes), wear (pants)	はく	はかない	はいた	はかなかった
11	はたらきます	work	はたらく	はたらかない	はたらいた	はたらかなかった
12	ひきます	pull	ひく	ひかない	ひいた	ひかなかった
13	ひきます	play piano, guiter	ひく	ひかない	ひいた	ひかなかった
14	みがきます	polish, brush	みがく	みがかない	みがいた	みがかなかった
15	ふきます	breathe out, play (the flute)	ふく	ふかない	ふいた	ふかなかった
	～ぎます					
16	およぎます	swim	およぐ	およがない	およいだ	およがなかった
17	ぬぎます	take off, undress	ぬぐ	ぬがない	ぬいだ	ぬがなかった
	～します					
18	かえします	return, give [hand] something back	かえす	かえさない	かえした	かえさなかった
19	かします	lend	かす	かさない	かした	かさなかった
20	けします	turn off, put out	けす	けさない	けした	けさなかった
21	さします	put （up an umbrella）	さす	ささない	さした	ささなかった
22	だします	post （てがみを～）	だす	ださない	だした	ださなかった
23	なくします	lose	なくす	なくさない	なくした	なくさなかった

24	はなします	speak, talk, tell	はなす	はなさない	はなした	はなさなかった
25	わたします	hand over	わたす	わたさない	わたした	わたさなかった
26	おします	push	おす	おさない	おした	おさなかった
	～にます					
27	しにます	die	しぬ	しなない	しんだ	しななかった
	～びます					
28	よびます	call, invite	よぶ	よばない	よんだ	よばなかった
29	あそびます	play	あそぶ	あそばない	あそんだ	あそばなかった
	～みます					
30	のみます	drink	のむ	のまない	のんだ	のまなかった
31	すみます	live (in)	すむ	すまない	すんだ	すまなかった
32	たのみます	ask, order	たのむ	たのまない	たのんだ	たのまなかった
33	よみます	read	よむ	よまない	よんだ	よまなかった
34	やすみます	take a rest, have a day off, be absent	やすむ	やすまない	やすんだ	やすまなかった

	～います					
35	あらいます	wash	あらう	あらわない	あらった	あらわなかった
36	あいます	meet	あう	あわない	あった	あわなかった
37	いいます	say, speak, tell, talk	いう	いわない	いった	いわなかった
38	うたいます	sing	うたう	うたわない	うたった	うたわなかった
39	かいます	buy	かう	かわない	かった	かわなかった
40	すいます	smoke（たばこを～）	すう	すわない	すった	すわなかった
41	ちがいます	be different, differ, be wrong	ちがう	ちがわない	ちがった	ちがわなかった
42	つかいます	use	つかう	つかわない	つかった	つかわなかった
43	ならいます	learn (from somebody)	ならう	ならわない	ならった	ならわなかった
	～ちます					
44	たちます	stand up, pass (じかんが～)	たつ	たたない	たった	たたなかった
45	まちます	wait	まつ	またない	まった	またなかった
46	もちます	have, hold	もつ	もたない	もった	もたなかった
	～ります					

47	あります	be (for inanimate things), have	ある	ない	あった	なかった
48	うります	sell	うる	うらない	うった	うらなかった
49	おわります	finish	おわる	おわらない	おわった	おわらなかった
51	かかります	take (time, money)	かかる	かからない	かかった	かからなかった
50	かえります	return, go home	かえる	かえらない	かえった	かえらなかった
52	かぶります	put [one's hat] on	かぶる	かぶらない	かぶった	かぶらなかった
53	〜がります	[somebody] want to	〜がる	〜がらない	〜がった	〜がらなかった
54	きります	cut	きる	きらない	きった	きらなかった
55	こまります	be in trouble	こまる	こまらない	こまった	こまらなかった
56	しまります	close (v.i.: [something] closes.)	しまる	しまらない	しまった	しまらなかった
57	しります	know	しる	しらない	しった	しらなかった
58	すわります	sit down	すわる	すわらない	すわった	すわらなかった
59	つくります	make, form, cook	つくる	つくらない	つくった	つくらなかった
60	とまります	stop (v.i.: [something] stops.)	とまる	とまらない	とまった	とまらなかった
61	とります	take	とる	とらない	とった	とらなかった
62	なります	become	なる	ならない	なった	ならなかった
63	のぼります	climb	のぼる	のぼらない	のぼった	のぼらなかった

64	のります	get on	のる	のらない	のった	のらなかった
65	はいります	enter	はいる	はいらない	はいった	はいらなかった
66	はしります	run	はしる	はしらない	はしった	はしらなかった
67	はじまります	start (v.i.: [something] starts.)	はじまる	はじまらない	はじまった	はじまらなかった
68	はります	put, stick （きってを〜）	はる	はらない	はった	はらなかった
69	ふります	fall (rain, snow)	ふる	ふらない	ふった	ふらなかった
70	まがります	turn	まがる	まがらない	まがった	まがらなかった
71	やります	do	やる	やらない	やった	やらなかった
72	わかります	understand	わかる	わからない	わかった	わからなかった
73	わたります	cross	わたる	わたらない	わたった	わたらなかった

グルプ2

		～eます				
74	あげます	give	あげる	あげない	あげた	あげなかった
75	あけます	open (v.t.: [somebody] opens ...)	あける	あけない	あけた	あけなかった
76	いれます	put in	いれる	いれない	いれた	いれなかった
77	うまれます	be born	うまれる	うまれない	うまれた	うまれなかった
78	おしえます	tell, teach	おしえる	おしえない	おしえた	おしえなかった
79	おぼえます	memorize	おぼえる	おぼえない	おぼえた	おぼえなかった
80	かけます	put one's glasses on	かける	かけない	かけた	かけなかった
81	かけます	make a telephone call	かける	かけない	かけた	かけなかった
82	きえます	go off, go out	きえる	きえない	きえた	きえなかった
83	こたえます	answer, reply	こたえる	こたえない	こたえた	こたえなかった
84	しめます	close (v.t.: [somebody] closes ...)	しめる	しめない	しめた	しめなかった
85	しめます	tighten, tie	しめる	しめない	しめた	しめなかった
86	たべます	eat	たべる	たべない	たべた	たべなかった
87	つとめます	work for	つとめる	つとめない	つとめた	つとめなかった
88	つかれます	get tired	つかれる	つかれない	つかれた	つかれなかった
89	つけます	turn on, light	つける	つけない	つけた	つけなかった
90	でます	leave, attend	でる	でない	でた	でなかった
91	ならべます	line [things] up	ならべる	ならべない	ならべた	ならべなかった
92	はれます	clear (up)	はれる	はれない	はれた	はれなかった
93	みせます	show	みせる	みせない	みせた	みせなかった
94	わすれます	forget	わすれる	わすれない	わすれた	わすれなかった
		～iます				
95	あびます	take (take a shower)	あびる	あびない	あびた	あびなかった
96	います	be (for living things), stay	いる	いない	いた	いなかった

97	おります	get off	おりる	おりない	おりた	おりなかった
98	おきます	get up	おきる	おきない	おきた	おきなかった

99	きます	wear, put on	きる	きない	きた	きなかった
100	できます	can (do), be ready	できる	できない	できた	できなかった
101	みます	see, watch, look	みる	みない	みた	みなかった

グループ3

102	かいもの（を）します	shop, do shopping	かいもの（を）する	かいもの（を）しない	かいもの（を）した	かいもの（を）しなかった
103	かいぎ（を）します	hold a meeting	かいぎ（を）する	かいぎ（を）しない	かいぎ（を）した	かいぎ（を）しなかった
104	コピー（を）します	make a copy	コピー（を）する	コピー（を）しない	コピー（を）した	コピー（を）しなかった
105	けっこん（を）します	marry, get married	けっこん（を）する	けっこん（を）しない	けっこん（を）した	けっこん（を）しなかった
106	さんぽ（を）します	take a walk	さんぽ（を）する	さんぽ（を）しない	さんぽ（を）した	さんぽ（を）しなかった
107	しごと（を）します	work	しごと（を）する	しごと（を）しない	しごと（を）した	しごと（を）しなかった
108	しつもん（を）します	ask somebody a question	しつもん（を）する	しつもん（を）しない	しつもん（を）した	しつもん（を）しなかった
109	しゅくだい（を）します	do (one's) homework	しゅくだい（を）する	しゅくだい（を）しない	しゅくだい（を）した	しゅくだい（を）しなかった
110	せんたく（を）します	wash (clothes etc.)	せんたく（を）する	せんたく（を）しない	せんたく（を）した	せんたく（を）しなかった
111	そうじ（を）します	clean	そうじ（を）する	そうじ（を）しない	そうじ（を）した	そうじ（を）しなかった
112	でんわ（を）します	make a telephone call	でんわ（を）する	でんわ（を）しない	でんわ（を）した	でんわ（を）しなかった
113	はなしをします	talk, have a talk	はなしをする	はなしをしない	はなしをした	はなしをしなかった
114	パーティー（を）します	give a party	パーティー（を）する	パーティー（を）しない	パーティー（を）した	パーティー（を）しなかった
115	べんきょう（を）します	study	べんきょう（を）する	べんきょう（を）しない	べんきょう（を）した	べんきょう（を）しなかった
116	りょうり（を）します	cook	りょうり（を）する	りょうり（を）しない	りょうり（を）した	りょうり（を）しなかった
117	りょこう（を）します	take a trip	りょこう（を）する	りょこう（を）しない	りょこう（を）した	りょこう（を）しなかった
118	れんしゅう（を）します	practice	れんしゅう（を）する	れんしゅう（を）しない	れんしゅう（を）した	れんしゅう（を）しなかった
119	します	do	する	しない	した	しなかった
120	きます	come	くる	こない	きた	こなかった

第23課：Phrases

しつれいですか？	Excuse me, but.
お名前は？	May I have your name?
はじめまして	How do you do? (Meeting for the first time)
どうぞよろしく（お願い）	Pleased to meet you.
〜から　来ました	I came (come) from〜
ちがいます	No, it isn't/ You are wrong
そう　ですか	I see/ is that so?
あのう	Well (used to show hesitation)
ほんの　気持ちです	It's a token of my gratitude
どうぞ	Please (when offering)
どうも	Well, thanks
これから　おせわになります	I hope for your kind assistance hereafter
こちら　こそ　よろしく	I am pleased to meet you
いくら　ですか	How much is it?
すみません	Excuse me
見せて　ください	Please show me
じゃ	Well then, in that case
そちら	Your place
たいへんですね	That's tough isn't it?
えーと	Well, let me see
お願いします	Please (ask for a favor)
かしこまりました	Certainly
おといあわせ　ばんごう	The number being inquired about

ありがとうございました	Thank you very much
たんじょうび　おめでとうございます	Happy Birthday
どういたしまして	You're welcome
いっしょに	Together
ごめんなさい	Excuse me /May I come in?
どうぞ　（お）あがり　ください	Do come in
しつれいします	May I?
いかがですか	Won't you have?
いただきます	Thank you / I accept (before eating)
おげんきですか	How are you?
そうですね	Well let me see
日本の　せいかつに　なりましたか	Have you got used to the life in Japan
いいえ、けっこうです	No, Thank you
もう〜です[ね]	It's already 〜 [isn't it?]
そろそろ　しつれいします	It's almost time to leave now
また　いらっしゃって　ください	Please come again
いっしょに　いかがですか	Won't you join me (us)?
だめですか	So you cannot (come)?
また　こんど　お願いします	Please ask me again some other time
いい　[お]天気ですね	Nice weather, isn't it?
お出かけですか	Are you going out?
ちょっと　待って	Please wait for a second
いって　いらっしゃい	So long (go and come out)
いって　まいります	So long (I'm going and coming back)
ただいま	I'm home

おかえりなさい	Welcome home
つかれました	I'm tired
おなかが すきました	I'm hungry
おなかが いっぱいです	I'm full
のどが かわきました	I'm thirsty
そうですね	I agree with you
そう しましょう	Let's do that
ごちゅうしんは？	May I take your order?
おまちください	Please wait (a moment)
もう 少し	A little
しんこうを 右へ まがってください	Turn to the right at the signal
まっすぐ	Straight
これで お願いします	I'd like to play with this
おつり	Change (in money)
どう やって	In what way, how
[いいえ] まだまだ です	I still have a long way to go
がんばって	Bottoms up /Cheers /do your best
じつは	Actually
この あいだ	The other day
国へ かえるの？	Are you going back to your country?
どう するの？	What will you do?
どう しようかな	What shall I do?
よかったら	If you like/if that's ok
しかたが ありません	There is no other choice / can't be helped
しばらくですね	It's been a long time/long time no see

～でも 飲みませんか	How about drinking～ or something?
みないと	I've got to watch it
おめでとう ございます	Congratulations
ごちそうさま[でした]	That was delicious (after eating or drinking)
いっしょに 飲みましょう	Let's have a drink together
[いろいろ] おせわに なりました	Thank you for everything you've done for me
がんばります	Do one's best
どうぞ おげんきで	Best of luck

第24課

単語

(1) <u>カタカナ</u>：

～キロ	Kg = 1キロ、2キロ・・・　1 kg, 2 kg…
～キロ	Km = キロメートル1
～グラム	Gram 1グラム、2グラム・・・　1 gram, 2 gram…
～ページ	Page
～メートル	Meter　1メートル、1.5メートル・・・　1 meter, 1.5 meters..
アパート	Apartment
アメリカ	The United States of America
エアコン	Air conditioner
エレベーター	Elevator, lift
カタカナ	Katakana
カメラ	Camera
カレンダー	Calendar
ギター	Guitar
クラス	Class
ケーキ	Cake
けしゴム	Eraser
コート	Coat
コーヒー	Coffee
コップ	Glass, drinking cup
コピー	Copy
コピーします	Make a copy
サッカー	Soccer, football
シャツ	Shirt
シャワー	Shower
ジュース	Juice

スカート	Skirt
ストーブ	Stove, heater
スプーン	Spoon
スポーツ	Sports
ズボン	Trousers, pants
スリッパ	Slippers
セーター	Sweater
ゼロ	Zero
タクシー	Taxi
ティッシュペーパー	Tissue
テープ	Tape
テープレコーダー	Tape recorder
テーブル	Table
テスト	Test
デパート	Department store
テレビ	TV
ドア	Door
トイレ	Toilet, lavatory
トイレットペーパー	Toilet paper
ナイフ	Knife
ニュース	News
ネクタイ	Necktie
ノート	Notebook
パーティー	Party
バス	Bus
バスがいしゃ	Bus agency, bus company
バスてい	Bus stop
バスりょこう	Bus tour, bus trip
バター	Butter
パン	Bread

ハンカチ	Handkerchief
パンや	Bakery
ビル	Building
プール	Swimming pool
フォーク	Fork
ベッド	Bed
ペン	Pen
ボールペン	Ballpoint pen
ポケット	Pocket
ボタン	Button
ホテル	Hotel
マッチ	Match
メモ	Memo
メモします	Make a note
ラーメン	Ramen, noodle
ラジオ	Radio
レコード	Record
レストラン	Restaurant
ワイシャツ (Yシャツ)	Business shirt (white shirt)

(2) Words with う sound silent:

しゅうかん	week(s)
ちゅう	be in middle of ..., (during) in ...
あのう	Excuse me., Well, Let me see
いもうと	(my) younger sister
いもうとさん	(someone's) younger sister
おはようございます	Good morning
おとうさん	(someone's) father
おとうと	(my) younger brother
おとうとさん	(someone's) younger brother
かいとうようし	answer sheet
がっこう	school
かようび	Tuesday
きゅう	nine
ぎゅうにく	beef
ぎゅうにゅう	milk
きょう	today
きょうしつ	classroom
きょうだい	brothers and sisters; siblings
きょうと	Kyoto [name of city]
ぎんこう	bank
きんようび	Friday
ごちそうさまでした	Thank you. (saying this after having a meal.)
げつようび	Monday
こうえん	park
こうばん	police box
こんしゅう	this week
じどうしゃ	car
しゅう	week(s)

じゅう	ten
じゅぎょう	class, lesson
じょうず	good, skillful [na-adj.]
じょうずに	well
じょうぶ	Healthy, strong, firm, durable
さようなら	Goodbye
しょうゆ	soy sauce
しょくどう	dining room
すいようび	Wednesday
せんしゅう	last week
そうじ	cleaning
そうじします	clean
そうしましょう	Let's do it.
そうです	That's right
そうですね	Oh right., Well..
そうですか	I see
だいじょうぶ	okay, no problem
たんじょうび	birthday
ちょうど	just
でんわばんごう	telephone number
どう	how
とうきょう	Tokyo
どうして	why
とうふ	tofu
どうぶつ	animal
どようび	Saturday
どうもありがとう。	Thanks a lot.
どうぞ	Please
どういたしまして	You are welcome
どうも	Thanks

にちようび	Sunday
ばんごう	number
ひこうき	airplane
びょういん	hospital
びょうき	illness, disease
ぶんしょう	text
べんきょうします	study
ほう	AよりBほうが〜。B is ... than A
ぼうし	hat, cap
ほんとう	really, truth
まいしゅう	every week
むこう	over there
もう	already, yet
もう〜	More (もういちど ゆっくり いってください) Please say slowly again.
もくようび	Thursday
もんだいようし	question sheet
ゆうがた	early evening
ゆうびんきょく	post office
ゆうめい	post office
ようか	the eight day of the month, eight days
ようふく	(western) clothes
らいしゅう	next week
りゅうがくせい	student studying abroad
りょうしん	parents
りょうり	cooking
りょこうがいしゃ	travel agency
りょこうします	travel
れいぞうこ	refrigerator

れんしゅう	practice
れんしゅうします	practice

> Note:
> - In Japanese, "u" sound will often become unvoiced when it's either
>   1. at the end of the word, after an unvoiced consonant (e.g. きょう)
>   2. between two unvoiced consonants within a word (e.g. こうぎ)
>
> - This is not an exhaustive list but all these vocabularies are important for the N5 level examination as direct questions are being asked in grammar section from these vocabularies.

第25課：試験

試験1

問題：1

1. カリナさん____ 私____ いもうと です。

2. この 人は____ ですか。

3. りーさんの かぞくは 3____ です。

4. 妹____ 弟____ 大学で 勉強します。

5. 今____ 時 ですか。

6. いつ おさか____ 行きますか。

7. こうぎは 何時____何時____ ですか。

8. 今日____ 私の たんじょうび です。

9. 毎朝 ピンポン____ します。

10. あの 人は 私____ 友だち です。

11. あの 人____ たなか ですか。

12. こうえんに 犬____ あります。

13. 私は みつはさん____ 学校へ 行きます。

14. 部屋____ テレビ____ あります。

15. ぶた肉____ ぎゅう肉____ どちら____ いいですか。

問題：2

(勉強します，食べます，終わります，帰ります，読みます，聞きます，飲みます，来ます)

1. グプタさんは 日本語 を _____。

2. 明日は いしょうに おさけ を _____。

3. 毎日 4じ から 5じ まで 本 を_____。

4. 来月 国へ _____。

5. テストは 5時 に _____。

試験 2

問題：1

1．ともだちは　えき___　まえに　あります。

2．えいご___　ほん　を　よみます。

3．きのう　きょうと　___　いきました。

4．にほんご___　すこし　わかります。

5．なん___　やさい　を　きりましたか。

6．けさは　はたらきましたから　いま　どこ___いきません。

7．しけんは　なんじ___　おわりますか。

8．きょうねん　インド___　きました。

9．きりさんは　しんせつ___　ひと　です。

10．にほんせいの　バッグは　インドせいの　バッグ___　たかい　です。

11．あたま___　いたい　です。

12．___　スポツ___　すき　です。

13．この　ひとは　___　ですか。

14．バナナ___　すき　ですか。

15．5___　きって　を　かいます。

問題：2

(かきました、みがきます、わかります、かけます、あそびます)

1．さむい です から ぜんぜん ___。

2．えいご しか ___。

3．かのじょうに てがみ を ___。

4．ともだちに でんわ を ___。

5．は を ___。

試験3

問題：1

1. おとといは あつ____ です。

2. スーパー____ となり____ とうしょかんが あります。

3. ここに ボルペンで なまえを_____ ください。

4. なんじ まえに がっこうへ いか_____ なりません。

5. いい てんき ですから どこか_____ です。

6. でんしゃ____ バス____ どちらが はやい ですか。

7. ゆきが あまり_____ いません。

8. ここ____ すわって____ いいですか。

9. かいぎが_____ から すぐ ひるごはんを たべます。

10. おなか____ いたいです____ へやで やすみます。

11. ふじさんの てんきは あまり_____ です。

12. りーさんは カリナさん_____ わかい です。

13. ひまわりちゃんは かみが なか____ きれいな ひと です。

14. _____ごはんを たべませんか。

15. やまださんは げんき_____ ありませんでした。

問題：2

(かえります，ながい，さわります，かります，たのしい，あそびます，します)

1. スイッチに _____ ないで ください。

2. きのう あめが たくさん ふって いますから かさを_____。

3. せんしゅうの パーティーは とても_____ です。

4. わたしは ぎんざへ _____に いきます。

5. あなたは なにを_____ ですか。

試験4

問題：1

1．としょうかんの ほんを コピー＿＿＿ ことが できます。

2．これから だんだん さむ＿＿＿ なります。

3．おとうさんは せんしゅ＿＿＿ びょうき です。

4．わたしは しんかんせん＿＿＿ のった ことが あります。

5．りょうこが ほしい ですから ふく＿＿＿ かいたい です。

6．かいしゃの ひとは あした センターへ くる ＿＿＿いいます。

7．にほんは きれい＿＿＿ と おもいます。

8．あそこに すわって いる ひとは ＿＿＿ ですか。

9．わかりませんから ゆっくり はなし＿＿＿ ください。

10．めがねを ＿＿＿ いる ひとは だれ ですか。

11．きのう みた えいがは とても おもしろ＿＿＿ です。

12．これは とうきょう＿＿＿ かった カメラです。

13．おかあさん＿＿＿ わたし＿＿＿ ほんを くれました。

14．わたし＿＿＿ たろうくん＿＿＿ えきまで おっくて もらいました。

15．きむらさん＿＿＿ かさを かして あげました。

問題：2

(せつめいします、いきます、かぶります、かけます、ひきます、なります、します)

1. ぼうしを ＿＿＿＿ いる ひよは ラオーさん です。

2. わたしは たなかさんに こうじょうに ついて ＿＿＿＿ もらいました。

3. ギターを ＿＿＿ ことが できます。

4. あした どこも ＿＿＿＿と いいました。

5. すずきさんは げんきに ＿＿＿＿。

試験5

問題：1

1．いくら たかい____ かいます。

2．リーさんは こどもの ____ インドに すんで いました。

3．ここから なごや こえんまで バスで 40ふん ____かかります。

4．マリアさんは じどうしゃ____ あります。

5．らいげつ センター____ セーター を かいます。

6．コーヒー____ こうちゃ____ どちら____ いいですか。

7．つくえ____ うえ____ はなが あります。

8．こうじょうに きかいが 3____ が ありますか。

9．しずかさんの かばんは ____ ですか。

10．この かんじ____ よみかた____ おしえて ください。

11．これは どこ____ とった しゃしん ですか。

12．ワンさんは 8じ ____ かえる と いいました。

13．だれも へやに いない ____ おもいます。

14．りんごは ____ かいますか。

15．しけんは あまり むずかし____ です。

問題：2

(あります、ひきます、はたらきます、たんじょうび、たべます、うたいます、けっこんします、ねます)

1. どようび ＿＿＿＿ なくても いいです。

2. きょうは ぼくの ＿＿＿＿＿。

3. あした パーティーが ＿＿＿ でしょう。

4. ばんごはんを ＿＿＿＿、べんきょうして それから ＿＿＿。

5. さくらさんの しゅみは おんがく を ＿＿＿こと です。

試験6

問題：1 つぎの　1.から　20.の　ぶんしょう　を　よんで、しつもん　に　こたえて　ください。

1. はなみ____やさい　を　きります。
2. にほんご____ほん　を　かきました。
3. わたし____マリアさん____プレゼント　を　もらいました。
4. この　レストランの　たべものは　おいしいです____、たかいです。
5. くにで　えいご____べんきょうします。
6. あしたは　そとで　かいもの____いきます。
7. よつはは　みつは____わかいです。
8. つくえ____うえ____てがみ　が　あります。
9. かんじ____わからないと、きいてください。
10. インド____2ねん　います。
11. あたま____わるいです____、かいしゃ　を　やすみます。
12. まいあさ　バス____がっこう　に　いきます。
13. スポーツ____ピンポン____いちばん　すきです。
14. らいしゅうは　ふじさん____のぼります。
15. あさ　しんかんせん____のって　とうきょう　へ　いきました。
16. おかあさんは　ドイツご____はなす　こと____できます。
17. タイりょうり　を　たべた　こと____あります。
18. しゅくだいは____おわった。
19. ペンは　2ぽん____ありません。
20. こんげつ　22さい____なります。

問題:2 つぎの 1.から 20.の ぶんしょうを よんで、しつもんに こたえて ください。こたえは、1・2・3・4 から いちばん いい ものを 一つ えらんで ください。

1. わたしは てんぷら____すきですから、まいにち てんぷら____たべます。
   (1)が／に 2)に／が 3)を／が 4)が／を

2. にほんご____べんきょうしましたから、かんじ____よく わかります。
   (1)が／に 2)に／が 3)を／が 4)が／を

3. たなかさん____にほんご を おしえてもらいました。
   (1)は 2)に 3)を 4)が

4. かぞく____こうべへ いきたいです。
   (1)が (2)に (3)や (4)と

5. いもうとは ふくしま____だいがく____けんきゅうします。
   (1)が／で (2)の／で (3)の／を (4)が／に

6. ゆっくり さむ____なります。
   (1)く (2)に (3)を (4)が

7. おふろ____はいります。
   (1)に 2)く 3)を 4)が

8. イタリヤ____りょうこにいきます。
   (1)く (2)に (3)で (4)へ

9. イタリア____しゃしん を とります。
   (1)が (2)に (3)で (4)へ

10. ボタン を おすと、きっぷ____でます。
    (1)で (2)に (3)を (4)が

11. わたしは ブラジル____すんでいます。
    (1)で (2)に (3)を (4)が

12. さかな____やさい____すきです。
    (1)と／も (2)や／や (3)も／も (4)と／と

13. にもつは そこ____おいてください。
    (1)で (2)に (3)から (4)は

14. この まちは しずか____にぎやかな ところです。
    (1)で 2)に 3)の 4)が

15. にんぎょうは ちさ____かわいいです。
    (1)で (2)い (3)くて (4)から

16. あたらしい かばん____ほしいです。
    (1)は (2)に (3)を (4)が

17. デパート____くるとき、えき____しんぶん を かった。
    (1)に／で (2)で／に (3)へ／で (4)へ／に

18. いえ____でるとき、まど を しめてください。
    (1)で (2)に 3)を 4)が

19. かない____てがみ を かきます。
    (1)は (2)に (3)を (4)の

20. にほんご＿＿＿ほん を よんでいます。

(1)で (2)に (3)を (4)が

問題：3

先生が やまださんに てがみを 書きました。

やまださん

今週は しごとが たくさん あります。どようび と にちようび も いそがしいです。来週の げつようび に 来てください。

1. 先生は いつ じかんが ありますか。

   1. こんしゅう
   2. どようび
   3. にちようび
   4. げつようび

問題：4

駅の まえに バスのりばが あります。あさは そこに がくせいが たくさん （ ）。バスで 10ぶんの ところに こうこうが あるからです。バスのりばの そばに 大きい スーパーが あって その 中に 本屋や 花屋などが あります。

1. （）の 中に いちばん よい ものを いれなさい。

   1. あります
   2. います
   3. みます
   4. します

2．駅の 前の せつめいは どれですか。

　　1．ちいさいですが スーパーが あります。
　　2．バスのりばに いつも たくさんの がくせいが います。
　　3．スーパーの 中には おみせも あります。
　　4．こうこうが 近いので いつも 学生だけが います。

Answer key

Chapter 1

<ruby>練習<rt>れんしゅう</rt></ruby>

1	2	3	4	5
ii	ii	iv	i	i

Chapter 2

<ruby>練習<rt>れんしゅう</rt></ruby>

1	2	3	4	5
iii	iv	iv	iii	ii

<ruby>読解<rt>どっかい</rt></ruby>

1	2
o	x

Chapter 3

<ruby>練習<rt>れんしゅう</rt></ruby>

1	2	3	4	5
i	iii	ii	ii	ii

読解

1	2
x	x

Chapter 4

練習

1	2	3	4	5
ii	i	iii	iv	ii

読解

1	2
o	x

Chapter 5

練習

1	2	3	4	5
ii	iv	i	iii	ii

読解

1	2	3
x	x	o

Chapter 6

練習
_{れんしゅう}

1	2	3	4	5
iii	iv	ii	iv	i

読解
_{どっかい}

1	2	3
x	x	o

Chapter 7

練習
_{れんしゅう}

1	2	3	4	5
iv	i	iii	iii	iii

読解
_{どっかい}

1	2
x	o

Chapter 8

<u>練習</u> (れんしゅう)

1	2	3	4	5
i	iv	ii	iv	i

<u>読解</u> (どっかい)

1	2	3
x	x	x

Chapter 9

<u>練習</u> (れんしゅう)

1	2	3	4	5
i	ii	i	ii	ii

<u>読解</u> (どっかい)

1	2
x	x

Chapter 10

<ruby>練習<rt>れんしゅう</rt></ruby>

1	2	3	4	5
iv	iii	iv	i	ii

<ruby>読解<rt>どっかい</rt></ruby>

1	2	3
x	x	O

Chapter 11

<ruby>練習<rt>れんしゅう</rt></ruby>：問題 - 2

1	2	3	4	5	6
ii	ii	i	iii	iii	i

<ruby>読解<rt>どっかい</rt></ruby>

1	2	3	4
x	x	x	O

Chapter 12

練習：問題 - 2

1	2	3	4	5
iii	i	ii	iii	i

Chapter 13

練習

1	2	3	4	5
i	iii	iii	iii	ii

読解

1	2	3	4	5
x	x	o	o	x

Chapter 14

練習：問題 - 2

1	2	3	4	5
ii	ii	iii	i	iv

読解

1	2	3	4	5
x	x	o	o	o

Chapter 15

練習：問題 - 2

1	2	3	4	5
i	ii	i	iv	ii

読解

1	2	3	4
o	x	x	x

Chapter 16

練習：問題 - 2

1	2	3	4	5
ii	i	ii	iii	ii

読解

1	2	3	4	5
x	o	o	x	x

Chapter 17

<ruby>練習<rt>れんしゅう</rt></ruby>：<ruby>問題<rt>もんだい</rt></ruby> - 3

1	2	3	4	5
i	ii	i	iii	ii

<ruby>読解<rt>どっかい</rt></ruby>

1	2	3
x	o	x

Chapter 18

<ruby>練習<rt>れんしゅう</rt></ruby>：<ruby>問題<rt>もんだい</rt></ruby> - 1

1. そうじした
2. えらぶ
3. たかい

<ruby>練習<rt>れんしゅう</rt></ruby>：<ruby>問題<rt>もんだい</rt></ruby> - 2

1	2	3	4	5	6
i	ii	ii	i	iv	iii

Chapter 19

<ruby>練習<rt>れんしゅう</rt></ruby>:

1	2	3	4	5
i	ii	i	i	ii

<ruby>読解<rt>どっかい</rt></ruby>

1	2	3	4	5	6
x	o	x	o	x	o

Chapter 20

<ruby>練習<rt>れんしゅう</rt></ruby>:

1	2	3	4	5	6
i	ii	iv	v	vii	vi

Chapter 21

<ruby>問題<rt>もんだい</rt></ruby> 1:

もんだい	こたえ
1	4
2	1
3	3

問題 2：

もんだい	こたえ
1	4
2	2
3	2

問題 3：

もんだい	こたえ
1	2

問題 4：

もんだい	こたえ
1	1

Chapter 25

試験1：

問題1

問題	1	2	3	4	5	6	7	8	9
答	は、の	だれ	にん	も、も	なん	へ	から、まで	は	を

問題2

1. べんきょうします。

2. のみましょう

3. よみます

4. かえります

5. おわります

試験2：

問題1

問題	1	2	3	4	5	6	7	8	9
答	の	で	へ	が	で	も	に	に/から	な

10	11	12	13	14	15
より	が	どちら、が	だれ	が	まい

問題2

1. あそびます

2. わかります

3. かきました

4. かけます

5. みがきます

試験3：

問題1

問題	1	2	3	4	5	6	7	8
答	かった	の/に	かいて	なければ	いきたい	と,と	ふって	に、も

9	10	11	12	13	14	15
おわって	が/から	よくなかった	より	くて	どうして	では

問題2

1. さわら
2. かりました
3. たのしかった
4. あそび
5. したい

試験4：

問題1

問題	1	2	3	4	5	6	7	8	9
答	する	く	から	に	が	と	だ	だれ	て

	10	11	12	13	14	15
	かけて	かった	から	は、に	に、は	に

問題2

1. かぶります
2. せつめいします
3. ひきます
4. いきません
5. なります

試験5

問題1

問題	1	2	3	4	5	6	7	8	9
答	も	とき	ぐらい	が	で	と、と、が	の、に	だい	どこ

	10	11	12	13	14	15
	の、を	で	に	と	いくつ	くない

問題2

1. はたらき
2. たんじょうび です

3. あります

4. たべて、ねます

5. うたい

試験6：

問題：1

1. で	2. の	3. は/に	4. が	5. を	6. に	7. より	8. の/に	9. が	10. に
11. が/から	12. で	13. で/が	14. に	15. に	16. を/が	17. が	18. もう	19. しか	20. に

問題：2

1. (4)	2. (3)	3. (2)	4. (4)	5. (2)	6. (1)	7. (1)	8. (4)	9. (3)	10. (4)
11. (2)	12. (3)	13. (2)	14. (1)	15. (3)	16. (4)	17. (3)	18. (3)	19. (2)	20. (1)

問題：3

1.(4)

問題：4

1．(2)	2.(2)

References

Webb, R. (2020, September 25). *The Japanese particle "ga": What it's for and when to use it (and not "wa") - 80/20 Japanese*. 80/20 Japanese. https://8020japanese.com/particle-ga/

V. (2022, January 21). *Japanese Particles - A guide to connecting words in sentences*. 90 Day Japanese. https://90dayjapanese.com/japanese-particles/

C. (2020, May 8). *Crunchy Nihongo!* Crunchy Nihongo! – Easy to Learn Japanese Lessons! https://crunchynihongo.com/

Japanese Particles Guide: Wa, Ni, No, Ga - JapanesePod101.com. (n.d.). JapanesePod101. https://www.japanesepod101.com/japanese-particles

Kore sore are in Japanese – Incomplete Sky. (n.d.). Kore Sore Are in Japanese – Incomplete Sky. https://incompletesky.com/kore-sore-are-in-japanese/

IMABI. (n.d.). IMABI. https://www.imabi.net/

r/LearnJapanese. (n.d.). Reddit. https://www.reddit.com/r/LearnJapanese/

Japanese with Anime. (2023, April 1). Japanese With Anime. https://www.japanesewithanime.com/

L. A. (2018, September 18). *Lesson 6. Difference between 'Koko Soko Asoko Kochira Sochira Achira' in Japanese - LingoCards - Top trilingual language learning app*. LingoCards - Top Trilingual Language Learning App. https://lingo-apps.com/koko-soko-asoko-kochira-sochira-achira/

Bogedin, C. (2023, March 9). *JLPT Sensei | Learn Japanese & Study for the JLPT (日本能力試験の勉強)*. JLPT Sensei. https://jlptsensei.com/

Particle から. (2000, January 1). Tofugu. https://www.tofugu.com/japanese-grammar/particle-kara/

Mori, M. (2019, November 13). *Kara in Japanese is used mainly in three ways, explained*. Japanese Particles Master. https://japaneseparticlesmaster.xyz/kara-in-japanese/

NIHONGO ICHIBAN. (n.d.). NIHONGO ICHIBAN. https://nihongoichiban.com/

BondLingo Learn Japanese - Learn Japanese : The Complete Guide to Japanese : Welcome to the BondLingo blog. We have dedicated ourselves to bringing you the best Japanese learning material on the net. From language lessons covering kanji, grammar, vocab and much more, to Japan facts, reviews of language schools, and language use in specific situations. (n.d.). BondLingo Learn Japanese. https://bondlingo.tv/blog/

JLPT N5 Grammar List - Learn Japanese at JapaneseMEOW. (n.d.). JapaneseMEOW. https://m.japanesemeow.com/japanese-grammar-lessons/

て Form. (2000, January 1). Tofugu. https://www.tofugu.com/japanese-grammar/te-form/

Asking Permission in Japanese: MO ii DESU KA (もいいですか). (n.d.). Japanese MEOW Language School. https://japanesemeow.com/japanese-grammar-lessons/permission-with-mo-ii-desu-ka/

Japanese verb forms JLPT N5 | Jisho form | Japanese dictionary form + Japanese verb exercises | Todo sobre Japón. (n.d.). Todo Sobre Japón. https://todosobrejapon.es/en/japanese-verb-forms-jlpt-n5/

Ability and possibility in Japanese – Koto ga dekimasu – Incomplete Sky. (n.d.). Ability and Possibility in Japanese – Koto Ga Dekimasu – Incomplete Sky. https://incompletesky.com/ability-and-possibility-in-japanese-koto-ga-dekimasu/

Connecting 2 Japanese Adjectives - Free Japanese Lessons on te-form. (n.d.). Learn-Japanese-Adventure.com. https://www.learn-japanese-adventure.com/japanese-adjectives-2.html

〜た (Past, Plain). (2000, January 1). Tofugu. https://www.tofugu.com/japanese-grammar/verb-past-ta-form/

Nai-form (Plain present negative) | MLC Japanese Language School in Tokyo. (n.d.). Nai-form (Plain Present Negative) | MLC Japanese Language School in Tokyo. https://www.mlcjapanese.co.jp/n5_06_03.html

N. (2018, May 31). *Nihongo: Verb nai-form Conjugation*. Nihongoph. https://www.nihongoph.com/2018/05/nihongo-verb-nai-form-conjugation.html

【Japanese grammar】verb ない Form + でください (de kudasai) = Please do not + verb. (2018, September 28). 日本語まとめサイト. https://jpn.matome1.com/please-do-not/

Using toki in Japanese (とき) - Learn Japanese Online. (n.d.). Learn-Japanese-Adventure.com. https://www.learn-japanese-adventure.com/toki-in-japanese.html

N5 | Patterns : Agemasu, Moraimasu, Kuremasu. (n.d.). prezi.com. https://prezi.com/p/8qi_4k1iqp4n/n5-patterns-agemasu-moraimasu-kuremasu/

Polite Form and Verb Stems – Learn Japanese. (2017, October 16). Polite Form and Verb Stems – Learn Japanese. https://guidetojapanese.org/learn/grammar/polite